THE ROYAL HORTICULTURAL SOCIETY
DK GARTENTIPPS

WINTERHARTE STAUDEN

ROYAL HORTICULTURAL SOCIETY
DK GARTENTIPPS

WINTERHARTE STAUDEN

RAY EDWARDS

DORLING KINDERSLEY

LONDON • NEW YORK • MÜNCHEN • PARIS

DORLING KINDERSLEY

PROJEKTBETREUUNG Cangy Venables
BILDBETREUUNG Margherita Gianni

REIHENBETREUUNG Pamela Brown
REIHENBILDBETREUUNG Stephen Josland

CHEFLEKTORAT Louise Abbott
CHEFBILDLEKTORAT Lee Griffiths

DTP-DESIGN Matthew Greenfield
HERSTELLUNG Patricia Harrington

Die Deutsche Bibliothek – CIP-Einheitsaufnahme

Ein Titeldatensatz für diese Publikation ist bei
der Deutschen Bibliothek erhältlich.

Titel der englischen Originalausgabe:
Hardy Perennials

© Dorling Kindersley Limited, London, 1999

© der deutschsprachigen Ausgabe by Dorling Kindersley Verlag GmbH, München, 2001
Alle deutschsprachigen Rechte vorbehalten

ÜBERSETZUNG Bettina Borst
LEKTORAT Ulrike Kerstiens
REDAKTION UND SATZ Verlagsservice Monika Rohde, Bonn

ISBN 3-8310-0164-2

Printed and bound in Singapore by Star Standard Industries Pte. Ltd.

Besuchen Sie uns im Internet
www.dk.com

INHALT

WINTERHARTE STAUDEN IM GARTEN

WAS SIND EIGENTLICH STAUDEN?

STAUDEN SIND »PERENNIERENDE« PFLANZEN, womit in der Botanik alle Pflanzen gemeint sind, die mindestens drei Jahre lang vegetatives Wachstum aufweisen – das reicht vom Gänseblümchen bis zum Baum. Unter Stauden versteht der Gärtner allerdings krautige Pflanzen, also solche, deren oberirdische Teile nicht verholzen. Nur bei älteren Stauden verholzt die Pflanzenbasis.

WIDERSTANDSFÄHIG GEGEN KÄLTE
Winterharte Stauden überstehen ungeschützt Frosttemperaturen. Die Gruppe der Stauden gehört für Gärtner in kühlen, gemäßigten Klimazonen zu den wichtigsten Pflanzen. Manche Stauden ersetzt man am besten nach drei oder vier Jahren durch junge, wuchskräftige Pflanzen, während andere bis zu 30 Jahre lang üppig wachsen können. Die meisten Stauden trotzen dem Frost, indem sie im Herbst absterben. Basis und Wurzeln überwintern sicher eingebettet im Boden, bis die Temperatur im Frühjahr wieder ansteigt. Manche Stauden gelten als immergrün, aber eigentlich ist das nicht ganz richtig. Bei diesen Stauden sind die Blätter und Stängel einfach so zäh, dass sie auch im Winter nicht vergehen. Im Frühjahr werden sie durch frische Triebe ersetzt. Die Gärtner schneiden nun die letztjährigen Triebe ab, die zwar überlebt haben, durch den Einfluss der Witterung aber unansehnlich geworden sind: Schnee hat die Triebe belastet, Wind hat sie geschüttelt.

▶ BÜHNENMITTE
Wo nur wenig Platz zur Verfügung steht, können Staudengruppen Blüten- und Blattteppiche bilden.

◀ DAUERBETRIEB
Jahr für Jahr bringen Stauden Sommerfarbe und Fülle in jeden Garten, unabhängig vom Standort und von den Bodenbedingungen.

Die meisten Stauden wachsen fast von selbst und sind leicht zu pflegen. Außerdem hat man eine ungeheuer große Auswahl. Der größte Teil der Stauden kann sich an weniger günstige Bedingungen gut anpassen, und manche wuchern selbst an »Problemstandorten« üppig, also in schattigen Ecken oder in staunassen Böden. Stauden gibt es in unendlicher Vielfalt an Höhen, Farben, Strukturen und Wuchsformen, so dass man mit ihnen die verschiedensten Wirkungen erzielen kann – auch auf kleinstem Raum. Weil sie so unterschiedlich sein können, sind sie für jeden Gartentyp geeignet, und viele fühlen sich in Kübeln ebenso wohl wie in der Gartenerde.

AUSWAHL VON STAUDEN
Bei den Stauden ist die Auswahl so groß, dass man selbst den größten Garten ausschließlich damit füllen könnte und es fast zwölf Monate lang immer etwas Neues zu sehen gäbe *(siehe S. 12–19)*. Die meisten

FARBENPRACHT
Auswahl und Planung sorgen für eindrucksvolle Ergebnisse: In diesem Beet sind Astern, Braunmohn und Chrysanthemen kombiniert, deren Farbenpracht sich im Spätsommer entfaltet.

Gärtner lieben Stauden wegen der riesigen Auswahl an Blütenformen und -farben. Man sollte aber daran denken, dass auch das Blattwerk Blickfänge bildet: Blätter und Gräser können ungeheuer wirkungsvoll aussehen – vor allem dann, wenn abgestorbene Stängel und trockene Samenkapseln mit Rauhreif bedeckt sind.

Es gibt so viele Stauden, dass für jeden Gartentyp die passenden dabei sind

ZUSAMMENSTELLUNG VON PFLANZEN
In den meisten Gärten stellen Stauden nur ein Element unter vielen anderen Pflanzenarten dar *(siehe nächste Seite)*. Wenn man Stauden sorgfältig zu Pflanzgruppen zusammenstellt, in denen sie gut zueinander passen, erzielt man eine schöne und lang anhaltende Wirkung. In diesem Buch ist eine ganze Reihe von Pflanzplänen mit Vorschlägen für verschiedene Standorte und Stilrichtungen aufgeführt. Beim Einkauf von Pflanzen ist es wirklich hilfreich, wenn man

◀ INSELLEBEN
Mit Stauden unterschiedlicher Höhe kann man auf einem Inselbeet eine Blattlandschaft entstehen lassen.

▼ GUTER EINFALL
Mit gelblaubigen Stauden-gräsern in Töpfen kann man düstere Ecken aufhellen.

sich vorher wenigstens einige Aufzeich-nungen gemacht und einen ganz groben Plan über Raumaufteilung, Standort und Boden aufgestellt hat. Je kleiner der Garten, desto wichtiger wird das.

THEMEN UND IDEEN

Es gibt kaum einen schöneren Anblick als ein traditionelles, dicht bestandenes Blumenbeet *(siehe S. 27)* – vor allem, wenn es vor dem Hintergrund einer streng geschnittenen Hecke, einer Mauer oder eines Zauns steht. Das Ganze sieht weniger streng aus, wenn man natürlich wirkende Pflanzen *(siehe S. 33)* über die Begrenzun-gen des Beetes hinauswachsen lässt, so dass sie auf Wege und Rasenflächen übergreifen. Niedrig wachsende oder kriechende krautige Stauden machen langweilige Pflasterflächen interessanter und sorgen bei Gartenwegen aus Kleinpflaster, Kies oder Beton für weichere Kanten. Ein Inselbeet mit einer zwanglos geschwungenen Kante ist eine weitere Möglichkeit. Duftende Stauden pflanzt man dort, wo man ihren Duft genießen kann. Von vielen kann man Schnittblumen für die Vase schneiden.

GRENZGÄNGER
Eintönige Kies-, Beton- oder Pflasterflächen werden gefälliger, wenn man bodendeckende Stauden von außen einwachsen lässt.

GEMISCHTE ANPFLANZUNGEN

IM LAUFE DES LETZTEN JAHRHUNDERTS hat sich der Einsatzbereich für Stauden verschoben, weil die Gärten immer kleiner werden. Heute sind nur wenige Gärten groß genug für ein Beet, das ausschließlich den Stauden vorbehalten ist. Also findet man sie eher eingesprengt zwischen Büschen, Zwiebelpflanzen und einjährigen Pflanzen, so dass Mischbeete entstehen, die man entweder streng oder als romantischen Bauerngarten anlegen kann.

HÖHE UND STRUKTUR

Wenn Gehölze in die Beetanpflanzung mit einbezogen werden, hat man mehr Höhenauswahl, länger einen wunderschönen Blickfang und meist viel weniger Arbeit als bei Pflanzgruppen, die ausschließlich krautige Pflanzen umfassen. In bereits bestehenden Beeten gibt es oft Büsche, die das ganze Jahr über ihre Form und häufig auch ihre Blätter behalten. Flach wurzelnde, nicht allzu nährstoffgierige Stauden wie der Storchschnabel ergeben

GESCHÜTZT IN DIE HÖHE
Mauern und Zäune bieten Schutz für Wärme liebende Stauden und dienen als Rankhilfe für Kletterpflanzen.

einen wundervollen »Rock« für den kahlen unteren Bereich von Rosen. In älteren Gärten liegen die Beete oft im Schatten von Bäumen und Büschen. Viele Stauden gedeihen im Halbschatten, aber tiefer Schatten schränkt die Auswahl stark ein. Vielleicht lassen sich einige alte Bäume und Sträucher entfernen oder zumindestens auslichten. Man kann die Nachbarn einmal höflich fragen, ob sie bereit sind, ihre Bäume auszulichten.

Wenn man einen Garten völlig neu anlegt, setzt man die Bäume und Sträucher zuerst, und zwar so, dass die höheren Gehölze hinten stehen. Die niedrigeren pflanzt man vorne und kann sie dann auch als Rankhilfe für Kletterpflanzen verwenden.

◄ BEETE AUFFÜLLEN
Winterharte einjährige Pflanzen wie diese »Jungfern im Grünen« (Nigella) eignen sich als Füllpflanzen für Lücken, die zwischen Stauden entstehen können (hier Iris und Allium).

▼ MISCHBEET
Pflanzen, die unter ähnlichen Bedingungen gedeihen, setzt man zusammen: An diesem sonnigen Standort wachsen Gladiolen und Zistrose, Königskerzen und Meerkohl.

LÜCKENFÜLLER

Leichte einjährige Kletterpflanzen wie die Kapuzinerkresse *(Tropaeolum peregrinum)* kann man so pflanzen, dass sie sich zwischen den Stauden hindurchranken. Frostharte einjährige Pflanzen entwickeln sich schnell, so dass man sie normalerweise

Winterharte einjährige Pflanzen sät man als Lückenfüller ein

entweder im Frühherbst oder im Frühjahr dort einsäen kann, wo sie blühen sollen. Sie eignen sich wunderbar als Lückenfüller, bis die Stauden ausgewachsen sind. Manchmal säen sie sich selbst aus und kommen im folgenden Jahr wieder. Dann kann man sie ausjäten oder behalten, je nachdem, wo sie wachsen. Frühjahrsblühende Zwiebelpflanzen kann man gut kombinieren, nicht nur mit früh blühenden Stauden, sondern auch mit den Farben und Formen des Blattwerks, das diese hervorbringen. Die Blätter der Zwiebelpflanzen sterben ab und überlassen die Bühne den Sommerpflanzen. Kübel mit frühjahrs- und sommerblühenden Zwiebelpflanzen (z. B. Lilien) kann man sehr wirkungsvoll einsetzen, wenn kahle Bereiche entstehen.

STAUDEN FÜR DAS FRÜHJAHR

TRADITIONSGEMÄSS SEHEN WIR Stauden als Sommerpflanzen an, aber viele sind auch im Frühjahr ein Blickfang. Ein wichtiger Grund für eine sorgfältige Planung von Pflanzgruppen ist der, dass man Pflanzen, die das ganze Jahr über gut aussehen sollen, gleichmäßig in der Gruppe verteilt und andere Pflanzenarten, wie Zwiebelpflanzen und Gehölze, dazusetzt.

FRÜHJAHRSGRÜN

Die Christrose gehört zu den ersten Stauden, die im Jahreslauf blühen. Bereits im Vorfrühling erscheinen die glänzend weißen Blüten der Schwarzen Nieswurz (*Helleborus niger*). Ihnen folgt die Pfingstrose (*Helleborus orientalis*), die mit verschiedenen Schattierungen von Weiß, Pink und Purpur auftritt. Viele der Blüten sind auf der Innenseite gepunktet und marmoriert.

Wenn der Winter dem Frühling Platz macht, beginnt es überall zu sprießen. Schäbiges letztjähriges Staudenblattwerk schneidet man jetzt ab, damit die Schönheit der jungen Blätter zur Geltung kommt. Die meisten Frühjahrsblüher unter den Stauden sind niedrig wachsend, so dass man sie in den Beeten nach vorne pflanzt. Am besten setzt man sie in nicht zu kleinen Gruppen, in die man auch früh blühende Zwiebelpflanzen einstreut. Die welkenden Blätter der Zwiebelpflanzen werden dann vom wachsenden Laub der Stauden verdeckt. Im Vorfrühling gehören blau- und weißblütige Lungenkrautarten (*Pulmonaria*) zusammen mit den etwas höheren Kaukasusvergissmeinnicht (*Brunnera*) zu den Favoriten. Erstere haben vielfach ein silbrig getüpfeltes Laub, während sich mehrere buntlaubige Formen der letzteren dazu anbieten, schattige Stellen eines Beetes aufzuhellen. Man erzielt kühle, frische Farbkombinationen, wenn man sie mit kleinen Frühjahrs-

▶ HORSTE VOLLER BLÜTEN
Ein Horst von Kaukasus-
vergissmeinnicht thront
inmitten von bewundernden
Scilla.

▼ DIE NASE VORN
Cremefarbene Nieswurz und
blaues Lungenkraut signa-
lisieren das beginnende
Frühjahr.

JUNGE TRIEBE
Das frische junge Blattwerk von Stauden im Frühjahr – hier sind es Funkien, Ziest, Wucherblume und Lupinen – gibt einen schön strukturierten Vordergrund für blühende Zwiebelpflanzen wie diese Tulpen ab, deren reines Weiß in den Blatträndern der buntlaubigen Funkien ein Echo findet.

blühern kombiniert, beispielsweise mit weißen Schneeglöckchen sowie blauen Scilla und Traubenhyazinthen. Als wärmere Farbtöne folgen dann gelb- und cremefarbige Trollblumen *(Trollius)* und die rosa- und scharlachroten Schattierungen der Bergenien, von denen viele noch mit ihrem kupferfarbenen Winterlaub prahlen. Im Spätfrühjahr kommt dann Farbe in die Beete, häufig durch die gute alte Gemswurz *(Doronicum)*, die Akelei *(Aquilegia)* oder die Rankenschaumblüte *(Tiarella)*.

Beim ersten Jäten im Frühjahr ist Vorsicht geboten

Wer hofft, dass einige Stauden sich selbst ausgesamt haben, der sollte mit den ersten Jät-Durchgängen lieber etwas warten: Manche Pflanzen, z. B. die Akelei, sind schon als Jungpflanzen deutlich zu erkennen, aber andere, wie das Silberblatt, haben recht grobe Blätter und sind zunächst leicht mit unerwünschten Eindringlingen zu verwechseln.

An älteren sommerblühenden Stauden entwickeln sich nun die Knospen und geben

einen schönen Hintergrund für Zwiebelpflanzen wie Tulpen und Narzissen ab, die im Spätfrühling blühen. Andere Stauden bieten dabei einen Blickfang für sich: Der Germer beispielsweise schraubt sein Blattwerk zu einem Turm hoch, der schon Wochen, bevor die erste Blüte sich öffnet, den Blick anzieht.

Einige der Vorfrühlingsblüher übernehmen jetzt die Rolle niedriger Bodendecker. Andere, wie das Tränende Herz, blühen durchgehend vom Spätfrühling bis weit in den Sommer hinein, manche sogar noch länger *(siehe unten)*.

STETIGE BLÜTENPRACHT

Zu den Stauden, die ab dem Frühjahr und dann während der gesamten Wachstumszeit immer wieder blühen, gehören:

Akelei	Beinwell
Diascia	Gauklerblume
Jakobsleiter	Mädesüß
Malven	Nelken
Nelkenwurz	Sidalcea
Spornblumen	Storchschnabel
Weidenröschen	

Das Entfernen abgeblühter Blüten und Stängel *(siehe S. 56)* regt viele Pflanzen ebenfalls zum nochmaligen Blühen an.

STAUDEN FÜR DEN SOMMER

WENN DAS FRÜHJAHR DEM SOMMER WEICHT, sorgen die steigenden Temperaturen für einen Wachstums- und Blühschub. Es gibt eine ungeheure Zahl von sommerblühenden Stauden, aber wo der Platz knapp ist, sollte man Sorten wählen, die für sich gesehen interessante Blüten und Blätter treiben und als Gesamtheit ständig ein reizvolles Farbenspiel bieten.

WÄRME UND LICHT

Viele sommerblühende Stauden zeichnen sich durch intensive Farben aus – sei es nun die kurzlebige, üppige Schönheit von tief rosarot und rot gefärbtem orientalischem Mohn und Pfingstrosen oder die länger anhaltend blau schimmernde Pracht von Salbei und Katzenminze. Im Verlauf des Sommers können die warmen Farben schnell überwiegen, wenn die orange- und gelbblütigen Taglilien *(Hemerocallis)* mit Fackellilien *(Kniphofia)* und Montbretien *(Crocosmia)* konkurrieren. Ob man die feurigen Farben eher als stimulierend oder als eintönig empfindet, ist wirklich eine Sache des persönlichen Geschmacks. Man kann den Eindruck von Feuer verstärken, indem man Pflanzen mit bronze- oder purpurrotem Blattwerk dazusetzt, oder man kann ihn abschwächen, indem man pastelligere Farbtöne mit einbezieht (beispielsweise die rosa blühende *Geranium × oxonianum* ›Wargrave Pink‹) oder als Kontrast blaue oder weiße Blüten dazunimmt (die blau gerändeten weißen Blüten der *Campanula persicifolia* ›Chettle Charm‹

▲ GENAU HINGESCHAUT
Der Sommer bietet eine große Auswahl an Blütenformen: Hier stehen ins Auge springende Pfingstrosen im Kontrast zu zarten Akeleien.

▶ WARM UND WÄRMER
Die Dahlie ›Bishop of Llandaff‹ mit ihrem bronzefarbenen Laub dient hier als Hintergrund für gelbe Blüten und gelbes Blattwerk.

▲ SOMMERFRISCHE
Rudbeckia bieten im Spät-
sommer und Herbst ein
Blütenschauspiel und sollten
in größeren Gruppen stehen.

◀ AUFGELOCKERT
Blauer Lavendel und Glocken-
blumen werden durch hell-
grünen Farn und stahlfarbige
Stranddistel aufgelockert.

eignen sich dazu ideal) und ab und zu stahl-
blau oder silbrig gefärbtes Laub durch-
blitzen lässt.

Um aus Sommerstauden das Beste heraus-
zuholen, setzt man sie dort, wo Blüten und
Laub richtig zur Geltung kommen. Pflanzen
mit intensiven Farben, vor allem in leuch-
tenden Rot- und Orangetönen, wirken oft
am besten, wenn sie einen Platz in der Sonne

Zum Sommerabend auf der Terrasse gehören duftende Pflanzen

erhalten. Starkes Sonnenlicht kann allerdings
blasse Farben ausbleichen. Weiße und
pastellige Farbtöne hellen schattigere Standorte auf, und Blautöne fangen in der
Dämmerung zu leuchten an – diese Farben
pflanzt man an die Terrasse. Dort, wo im
Sommer die Partys stattfinden oder man sich

einfach nach der Arbeit entspannt, sind auch
einige duftende Pflanzen wie Diptam und
Nachtkerze ein Muss.

Beete an offenen Standorten mit sandigen
Böden können im Sommer schnell aus-
trocknen, so dass es sich auszahlt, hier
wärme- und trockenheitsverträgliche
Stauden zu wählen.

FÜR TROCKENE STANDORTE

Die Fähigkeit eines leichten, trockenen
Bodens, die Feuchtigkeit zu halten, lässt sich
steigern (*siehe S. 51, 54*), aber der aus-
schlaggebende Faktor ist trotzdem die Wahl
der Pflanzen. Mit heißen, trockenen Bedingungen kommen solche Pflanzen zurecht,
die knollige oder verdickte Wurzeln haben
(Kugeldistel, Mohn, Iris, *Sisyrinchium*),
fleischige Blätter oder Stängel aufweisen
(Sedum) oder deren Blätter grau, flaumig oder
haarig sind (Hundskamille, Beifuß,
Katzenminze, *Osteospermum*, *Phlomis*,
Ziest). Auch Gräser halten sich gut, weil die
kleine Blattoberfläche wenig Wasser verliert.

STAUDEN FÜR DEN HERBST

D ER HERBST IST KEINESWEGS DIE JAHRESZEIT, in der alles abstirbt – hier geht noch einmal der Vorhang auf für all die Farben des Sommers! Viele spätsommerliche Stauden kümmern sich nicht um Jahreszeiten, sondern bringen bis zum ersten Frost Blüten hervor und ziehen die Blicke auf ihr Laub. Die Farbpalette für den Herbst wird durch Blätter, Gräser und Samenstände erweitert, wobei viele Stauden auch noch die Blattfarbe wechseln, wenn die Temperaturen sinken.

DIE FAMILIE DER KORBBLÜTLER

Von diesen Astern, Sonnenhüten, Sonnenbräuten und Rudbeckien stammen viele aus Nordamerika, und alle geben im Spätsommer und Herbst ein großartiges Schauspiel zum Besten. Vor allem Staudenastern prangen in Blau, Lila, Kirschrot, Rosa und Weiß. Alle Arten von *Aster × frikartii*, beispielsweise die lavendelblaue ›Mönch‹, können gut vom Hochsommer bis zur Herbstmitte blühen und in Gegenden mit mildem Klima noch länger. Andere Astern, wie die halb gefüllte, intensiv rot gefärbte *Aster novi-belgii* ›Royal Ruby‹, bieten vom Spätsommer bis zum Frühherbst wochenlang ein nicht so hoch aufragendes, aber ebenso buntes Farbspektakel.

FARBEN ANPFLANZEN

Sonnenblumen *(Helianthus)*, bronze oder gelb gefärbte Sonnenbräute *(Helenium)*,

▲ HOCHGESCHÄTZT IM HERBST
Von den Astern, auch Sternblumen genannt, gibt es unendlich viele Sorten. Besonders beliebt sind die malvenfarbigen.

▼ SPÄT AUF DIE BÜHNE
Im Herbst sind phantastische Blütenschauspiele möglich: Rosa Astern werden hier betont von goldgelben Rudbeckien mit dem schwarzen »Auge« und der fedrigen Goldrute.

▲ LANDEPLÄTZE
*Die flachen Blüten-
köpfe des Sedums
sind eine späte Köst-
lichkeit für Bienen
und Schmetterlinge.*

◄ ROSA IN ROSA
*Herbstanemonen
bilden Horste und
erfreuen mit großen
Büscheln rosafarbener
und weißer Blüten.*

gelbe Rudbeckien und rosa Sonnenhut mit gelber Blütenmitte lassen noch an die Wärme des Sommers denken, wenn der Herbst schon Einzug gehalten hat. Mit der Goldrute *(Solidago)* steht eine weitere fröhlich wirkende Pflanze zur Verfügung, die quer durch die Jahreszeiten blüht. Die höheren Sorten bilden einen wunderbaren

Viele Stauden wechseln mit sinkender Temperatur die Blattfarbe

gelben Blütenhintergrund für blaue Astern. Allerdings neigen die meisten Goldruten-arten dazu, sich wild wuchernd auszu-breiten, so dass man die Sorte sorgfältig auswählen sollte. Die goldgelbe S. ›Laurin‹ ist eine der besten Sorten für kleinere Beete, weil sie nicht höher als 60–75 cm wird und anfangs etwa 45 cm Umfang hat.

In schattigen Bereichen wirken die hüb-schen rosafarbenen oder weißen Blüten-

kelche der Herbstanemonen wunderbar. Die Herbstvorstellung wäre ohne eine oder zwei mehrjährige Chrysanthemen nicht voll-ständig, und auch einige der weniger bekannten Stauden sollte man nicht über-sehen. So bringt beispielsweise die Silber-kerze *(Cimicifuga simplex)* mit ihren geschwungenen Wedeln wunderschöner kleiner weißer Blüten anmutige Eleganz ins Gesamtbild.

DER WINTER KOMMT

Der Herbst ist die Zeit zum »Ausputzen« der krautigen Stauden, d. h., man schneidet den oberirdischen Teile ab. Viele Stängel und vor allem Samenstände sind es aber wert, bis ins Frühjahr hinein stehen zu bleiben, weil sie so gut aussehen:

Achillea	Astilben
Federgras	Hakonechloa
Kugeldistel	Lunaria rediviva
Miscanthus	Pampasgras
Phlomis	Sedum
Seggen	Stranddistel

DIE SAISON GEHT WEITER

WENN DER WINTER KOMMT, denken viele, dass die Beete nun ziemlich trostlos aussehen. Oft aber verwandelt das kalte Wetter ein sonst langweiliges Bild in ein wunderbares Panorama, weil alles von Rauhreif bedeckt ist und die niedrig stehende Sonne die »gefriergetrockneten« Stängel und Samenstände von hinten beleuchtet. Den Mangel an blühenden Pflanzen in den Wintermonaten kann man durch immergrüne Gewächse etwas ausgleichen.

BLICKFANG IM WINTER

Die wenigen winterblühenden Stauden verdienen einen einfarbigen Hintergrund, vor dem sie zur Geltung kommen: Nieswurz und die im Winter blühende *Iris unguicularis* beispielsweise setzt man vor dunkle immergrüne Sträucher oder vor Bergenien (vor allem solche, deren Blätter sich mit dem Frost rot färben). Immergrüne, bodendeckende Stauden wie Bergenien und Elfenblumen mildern nicht nur den winterkahlen Eindruck, den ein Beet macht, sondern bieten auch Schutz für die Wurzeln

VON DER BESTEN SEITE
Den wenigen Pflanzen, die in der kältesten Jahreszeit blühen, muss man einen starken Hintergrund geben – hier bilden die jungen roten Triebe des Hartriegels den Hintergrund für Nieswurz-Stauden.

und die Basis der übrigen Pflanzen. Auch die »immergrauen« Stauden seien nicht vergessen: Die filzigen, silbrigen Blätter der *Stachys byzantina* glitzern wunderschön, wenn der Rauhreif sich auf die plüschige Oberfläche setzt.

Immergrüne Pflanzen mildern die winterliche Tristesse

Stauden mit warmen Laubfarben sind sehr günstig. Die Farben mancher Gräser, wie der gelbstreifigen *Carex oshimensis* ›Evergold‹ und der rot geränderten *Hakonechloa macra* ›Aureola‹, bleichen nicht aus, während viele andere allmählich ockerfarben werden.

▲ GESCHÜTZTE BÜHNE
*Die Federbüsche von Gräsern
sehen zerbrechlich aus, sind
aber erstaunlich hart im
Nehmen. Zu warmen Braun-
und Ockertönen getrocknet,
überdauern sie vom Herbst
bis in den Winter. Wenn sie
etwas geschützt stehen, wie
hier im Windschatten von
Büschen, leiden die Stängel
weniger unter den Winter-
stürmen.*

◄ FROST VERWANDELT
*Zu den Pflanzen, die in
diesem Beet belassen wurden,
zählen Phlomis, Astern,
Fenchel und weiter hinten
ein Büschel Miscanthus.
Zusammen bilden sie eine
vor Rauhreif glitzernde
Winterlandschaft.*

STAUDEN GEBEN FARBE

FARBKREIS

KEINE ANGST VOR EXPERIMENTEN mit Farben – da gibt es ungezählte Möglichkeiten. Um zu erkunden, in welchem Verhältnis die Farben zueinander stehen, macht man sich die Prinzipien des Farbkreises *(links)* zu Nutze. Daran kann man auch erkennen, warum verschiedene Kombinationsmöglichkeiten zu so unterschiedlichen Wirkungen führen.

DER FARBKREIS

In seiner einfachsten Form besteht dieser Kreis aus den drei Grundfarben Rot, Blau und Gelb. Werden diese Farben gemischt, so entstehen dazwischen die Sekundärfarben Lila, Grün und Orange. Da, wo die Kreisabschnitte zusammenkommen, entstehen unendlich viele Abstufungen in Schattierung und Farbton. Die Farben, die auf dem Kreis am weitesten auseinander liegen, kontrastieren am stärksten. Die Hauptgegensätze bestehen dabei zwischen den Grund- und den Sekundärfarben: Lila und Gelb, Rot und Grün, Blau und Orange. Solche Kombinationen erzielen ins Auge springende Wirkungen und sind am beeindruckendsten, wenn man sie aus einiger Entfernung betrachtet. Manche Pflanzen schaffen sich ihre Kontraste selbst, beispielsweise die hellgrünen Blattfächer

KONTRASTFARBEN
Wenn man stark kontrastie-rende Farben miteinander kombiniert, kann das sehr aufregend wirken. Die violette Glockenblume z. B. lässt die gelbe Hemerocallis *leuchten, während das Purpur-Blau der* Ajuga reptans *durch den* orangefarbenen Geum *intensiviert wird. Weiß wird als reflektiertes Licht in seiner reinsten Form wahrgenommen.*

MECONOPSIS BETONICIFOLIA

TROLLIUS × CULTORUM
›ALABASTER‹

LEUCANTHEMUM × SUPERBUM

PAPAVER ORIENTALE ›MRS PERRY‹

ASTER AMELLUS ›NOCTURNE‹

und die leuchtend scharlachroten Blüten der *Crocosmia* ›Lucifer‹ – aber auch zwischen Pflanzen, die man zusammensetzt, kann es zu intensiven Farbkontrasten kommen. Wenn man beispielsweise die blaulila gefärbte *Salvia* × *sylvestris* ›May Night‹ mit einer gelben *Oenothera* zusammensetzt,

Rot mit Orange oder Karmesin kombinieren – oder lieber nicht?

schafft man einen Blickfang und betont im Zusammenspiel die Einzelfarben noch stärker.

Durch den Einsatz benachbarter Farben – beispielsweise des rosafarbenen *Papaver orientale* ›Mrs. Perry‹ in Kombination mit

einer lilafarbenen Katzenminze – erzielt man weiche, harmonische Kombinationen. Aus der Entfernung gesehen ist die Wirkung ein wenig verschwommen, aber aus der Nähe betrachtet, wirkt die Kombination fein und elegant. Warme Farbzusammenstellungen aus Rot, Orange und Gold *(siehe nächste Seite)* kommen auf das Auge zu, während kühle Lila- und Blautöne *(siehe S. 24–25)* den Eindruck von Ferne erzeugen. Unter dem Thema »Farbe« kann man Pflanzungen mit spektakulärer Wirkung zusammenstellen, vor allem, wenn es gelingt, die Farbe über die gesamte Wachstumsperiode fortzuführen. Bei der Planung sollte man bedenken, dass vor allem bei der Verwendung nur weniger Farben unterschiedliche Höhen eine wichtige Rolle spielen. Farbe und Höhe der benötigten Pflanzen sollte man sich aufschreiben.

CROCOSMIA ›LUCIFER‹

GEUM RIVALE ›TANGERINE‹

CAMPANULA CARPATICA

EUPHORBIA SCHILLINGII

AJUGA REPTANS ›ATROPURPUREA‹

HEMEROCALLIS ›CONDILLA‹

WARME FARBEN

SELBST IM KÜHLSTEN SOMMER können Pflanzen, die freigebig gelbe, orange-farbene und rote Blüten hervorbringen, den Eindruck von Wärme schaffen. Im Frühjahr gibt es nur wenige feurig wirkende Blüten, aber in den Sommer-monaten werden die Farben merklich intensiver, während mit dem Anbruch des Herbstes allmählich die warmen Gold- und Rosttöne überwiegen.

FEUERFARBEN RUND UMS JAHR

Zu den ersten Stauden, die im Frühjahr Sonne ins Beet bringen, gehören Gämswurz und Primeln, aber die wirklich beein-druckenden Farbtöne kommen erst mit dem Sommer. Zu den ersten gehört die Nelken-wurz ›Borisii‹, die im Frühsommer orange-rote Blüten hervorbringt, denen manchmal später eine mit Kupfer überhauchte weitere Blütenwelle folgt. Ebenfalls leicht zu bekommen sind orange und rot gefärbte Mohnarten, rote Päonien, Montbretien in feurigen Rot-, Orange- und Goldtönen

FARBEN ZUR GELTUNG BRINGEN
Die üppig und lange blühende Montbretie sieht besonders gut aus, wenn sie vor einem gelben oder purpurfarbenen Hintergrund steht.

sowie Taglilien *(Hemerocallis)* in jeder erdenklichen Schattierung von Gelb, Orange und Rostrot. Wenn die Tage kürzer werden, blühen die flachen, rosaroten Blütenköpfe des Sedums auf, deren Pracht bis in den Herbst hinein anhält. Dazu

Bronzefarbenes Laub intensiviert die Blütenfarben

kommt die Sonnenbraut in Gelb oder in Bronzerot (›Moerheim Beauty‹). Die gelben, wunderschönen Rudbeckien blühen oft bis zum ersten harten Frost. Warme Farbtöne passen im Allgemeinen gut zusammen, so

▲ STARKE MISCHUNG
Die Wärme der orangefarbenen Taglilien
unterstreicht das kühle Dunkelblau des
Agapanthus.

▶ BLÜTENFORMEN IM KONTRAST
Diese lebhafte Kombination von Rudbeckien,
Monarden, Dahlien und Fackellilien wirkt
auch durch die verschiedenen Blütenformen.

dass man einige Stauden zu einer
»Feuerstelle« zusammenpflanzen kann.
Leuchtende Rot- und Orangetöne erzielen
außerdem eine besonders gute Wirkung,
wenn man sie gegen einen Hintergrund aus
kupfer- oder purpurroten Blättern setzen
kann. Das können beispielsweise die
übergroßen Blätter des *Rheum palmatum*
sein oder in einem kleineren Garten auch
die horstbildende *Heuchera micrantha*
›Palace Purple‹.

EMPFEHLUNGEN

FRÜHJAHRSBLÜHER
Doronicum ›Miss Mason‹
Oenothera fruticosa ›Fyrverkeri‹ ♀
Primula rosea

SOMMERBLÜHER
Achillea filipendulina ›Gold Plate‹ ♀
Crocosmia × crocosmiiflora ›Emily McKenzie‹
Hemerocallis fulva ›Flore Pleno‹
Kniphofia triangularis ♀

Lychnis chalcedonica ♀
Monarda ›Cambridge Scarlet‹ ♀
Paeonia officinalis ›Rubra Plena‹ ♀
Papaver orientale ›Allegro‹

HERBSTBLÜHER
Helenium ›Butterpat‹
Lobelia cardinalis ♀
Rudbeckia ›Herbstsonne‹
Sedum ›Ruby Glow‹

KÜHLE FARBEN

D URCH STAUDEN IN KÜHLEN FARBEN kann man die Frische des Frühlings verstärken und die hochsommerliche Hitze etwas mildern. Blau und Weiß sind die Farben der Wahl, können aber öde wirken. Besser wirken kühle Farben, wenn gedeckte Farben wie blasses Gelb, Grün oder Rosa eingestreut werden. Kühle Farbtöne können auch mit Kontrastfarben kombiniert werden.

GANZ COOL BLEIBEN

Kühle Farbzusammenstellungen lassen sich im Frühjahr und großenteils auch im Sommer leicht erreichen. Man kann mit weißen und rosa überhauchten Pfingstrosen anfangen, die man vielleicht mit Buschwindröschen, weißen und blauen Sorten von *Primula denticulata*, rosa oder weißen Bergenien und dem Kaukasusvergissmeinnicht *(Brunnera)* ergänzt. Dann folgen rosafarbene, blaue oder weiße Glockenblumen, blaue oder weiße Akelei *(Aconitum)*, winterharte Storchschnabelarten in allen Schattierungen von Blau,

---

Kühle Farben werden durch weiße oder silberne Blattpflanzen betont

---

Purpur, Rosa und Weiß sowie die Katzenminze, *Nepeta × faassenii*, die duftende graugrüne Blätter und lavendelblaue Blüten hervorbringt. Im Spätsommer überwiegen wärmere Farben, aber die eleganten weißblütigen Herbstanemonen sorgen trotzdem für Kühle.

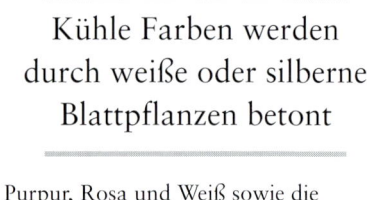

IN ELEGANTER HÖHE
*Ein gelegentlich einge-
streuter wärmerer Farbton,
wie hier von dem Germer
›Helen Johnson‹, wirkt
unter (von links)
Rittersporn, Glocken-
blumen und Tränendem
Herz nicht störend.*

SCHLAGLICHTER
Hellgrün bringt Frische in kühle Pflanz-
gruppen: Hier stehen Wolfsmilch und Frauen-
mantel vor einem dunklen Hintergrund.

NOCH MEHR WIRKUNG

Wenn man sich auf weiß blühende Pflanzen beschränkt, kann man schon fast eine Schneelandschaft schaffen; ausschließlich blau blühende Pflanzen dagegen sorgen für einen noch kühleren Anblick. Die kühlende Wirkung wird noch größer, wenn man silber- oder graublättrige Blattpflanzen dazusetzt. Die stachelblättrigen Stranddisteln mit ihren weiß oder silbrig gefärbten Blättern und den silbrigen Blütenständen sind gute Beispiele dafür, ebenso wie die filzblättrige *Stachys byzantina* ›Silver Carpet‹. Diese immergrüne Pflanze ohne Blüten kann in weißen oder blauen Pflanzgruppen verwendet werden und deckt mit ihren Matten silbergrauer Blätter ausgezeichnet den Boden.

KÜHLE BEGLEITER
Diese fein abgestufte Mischung kühler
Blütenfarben wird durch das duftende dunkle
Blattwerk des Fenchels noch betont.

PFLANZPLÄNE FÜR STAUDEN

DIE RICHTIGE WAHL

DIE BESTEN ERGEBNISSE (und die wenigste Arbeit) hat man, wenn man seinen Staudengarten so gestaltet, dass er sich gut in die Umgebung einpasst und Pflanzen enthält, die von Natur aus gut an den jeweiligen Standort passen. Eine feuchtigkeitsliebende Pflanze beispielsweise wird sich an einem Standort mit magerem, schnell abtrocknendem Boden nie richtig wohl fühlen und im Topf sorgfältigst gegossen werden müssen. Auf den folgenden Seiten sind Vorschläge aufgeführt, die für Stadt- und Landgärten gleichermaßen gut geeignet sind.

TRADITIONELLE BEETE

Ein gut geplantes Staudenbeet kann vom Frühjahr bis zu den ersten Herbstfrösten ein atemberaubendes Panorama bieten. Noch bis vor kurzem wurden solche Beete im großen Stil angelegt, so dass üppige Blütenpracht vor viel attraktivem Laub stand. Heute kann man diesen Stil problemlos auch für kleinere Gärten übernehmen und durch sorgfältige Auswahl der Stauden nach Standort und Boden die Zeit für die Gartenarbeit verkürzen. Wichtig ist, Pflanzen unterschiedlicher Höhe mit einzubeziehen. Um möglichst wenig stützen zu müssen, wählt man bei den hohen Pflanzen Sorten von kompaktem Wuchs. Interessantes Blattwerk wirkt auch, wenn nichts blüht.

▶ BEETPFLEGE
Bei traditioneller Gartenpflege sollen die Pflanzen schön sauber aussehen. Dünne Zweige (rechts) ergeben eine ausreichende Stütze und fallen gar nicht auf. Regelmäßiges Abschneiden der abgeblühten Blütenköpfe (ganz rechts) regt die Pflanze zu weiterem Blühen an und lässt das Beet immer gepflegt aussehen.

STÜTZEN HOHER PFLANZEN (S. 55)   VERLÄNGERUNG DER BLÜTE (S. 56)

◀ ANORDNUNG VON PFLANZEN *Bei dicht gesetzten Pflanzen findet das Unkraut keine Lücke.*

EIN TRADITIONELLES STAUDENBEET

Dieses schmale, lange, besonnte Beet enthält Pflanzen, die auf durchschnittlichem Boden bei guter Bodenvorbereitung *(S. 50)* relativ anspruchslos sind. Gelbe Gämswurz und rosafarbene Bergenien zeigen schon früh ihre Pracht. Auf dieser Zeichnung sind sie bereits abgeblüht. Glockenblumen, Lichtnelke und Hundskamille folgen ihnen dichtauf, dann die auffälligen Montbretien, die mit Astern und Sonnenblumen die Blicke anziehen.

PFLANZPLAN

1 3 × *Anthemis punctata* subsp. *cupaniana* ♀, 35 cm Abstand

2 3 × *Aster novi-belgii* ›Little Pink Beauty‹, 45 cm Abstand

3 4 × *Lychnis chalcedonica* ♀, 35 cm Abstand

4 2 × *Campanula glomerata* ›Purple Pixie‹, 30 cm Abstand

5 1 × *Helianthus* ›Loddon Gold‹ ♀

6 3 × *Bergenia* ›Baby Doll‹, 30 cm Abstand

7 3 × *Crocosmia* ›Lucifer‹ ♀, 35 cm Abstand

8 2 × *Doronicum* ›Miss Mason‹ ♀, 45 cm Abstand

9 2 × *Aster* × *frikartii* ›Mönch‹ ♀, 40 cm Abstand

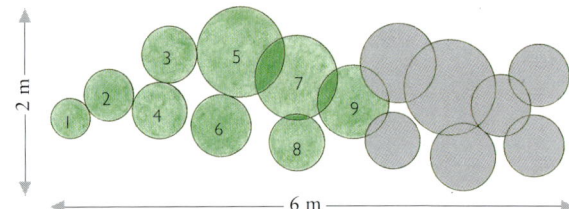

Aster novi-belgii ›Little Pink Beauty‹ blüht besser, wenn man sie im Frühjahr etwas ausdünnt *(siehe S. 56)*.

Anthemis punctata subsp. *cupaniana* trägt den ganzen Sommer über Blüten, wenn sie sonnig genug steht. Auch die silbrigen Blätter sehen gut aus.

Lychnis chalcedonica ist eine aufrecht wachsende Pflanze, die im Sommer keine Stütze braucht. Sie bringt Dolden sternförmiger, scharlachroter Blüten hervor.

Die *Bergenie* ›Baby Doll‹ erzeugt im Frühjahr rosafarbene Blüten, die später immer dunkler werden.

Helianthus ›Loddon Gold‹ ist eine Stauden-sonnenblume, die dem Beet Höhe verleiht.

Crocosmia ›Lucifer‹ mit ihren starken Stängeln gehört zu den Montbretien, die am leichtesten zu kultivieren sind.

CAMPANULA GLOMERATA
›Purple Pixie‹ *beginnt im Frühsommer zu blühen.*

ASTER × FRIKARTII
›Mönch‹ *ist eine gute Sorte dieser lange blühenden und krankheitsresistenten Aster.*

Doronicum ›Miss Mason‹ trägt im Frühjahr leuchtend gelbe Blüten, die hoch über dem Blattwerk stehen.

TRADITIONELLES STAUDENBEET *Fortsetzung*

Verbascum chaixii ›Gainsborough‹ trägt über filzigen Blättern stattliche Blütenstände voller hellgelber Blüten.

Helenium ›Coppelia‹ hat kupfrig orangefarbene Blüten, die dem Beet vom Mittsommer bis in den Frühherbst eine warme Glut verleihen.

Achillea filipendulina ›Gold Plate‹ bildet immergrüne Horste mit graugrünen Blättern. Die Blütenstände, die den ganzen Sommer blühen, eignen sich für Trockengestecke.

DIANTHUS ›MRS. SINKINS‹
Eine bekannte Sorte in altmodischem Rosa mit wunderbarem Duft. Wenn die Pflanzen struppig werden, verjüngt man sie über Ableger (siehe S. 61).

PFLANZPLAN

10 3 × *Helenium* ›Coppelia‹,
45 cm Abstand

11 3 × *Dianthus* ›Mrs. Sinkins‹,
30 cm Abstand

12 2 × *Verbascum chaixii*
›Gainsborough‹ ♀,
45 cm Abstand

13 2 × *Sedum* ›Ruby Glow‹ ♀,
35 cm Abstand

14 2 × *Echinops bannaticus*,
90 cm Abstand

15 3 × *Achillea filipendulina*
›Gold Plate‹ ♀, 60 cm
Abstand

16 2 × *Salvia* × *superba* ♀,
45 cm Abstand

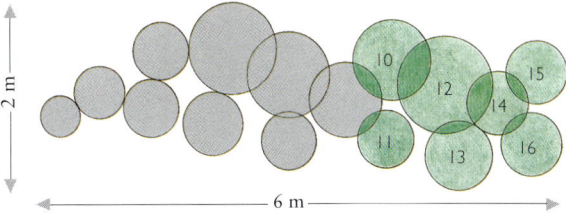

MEHR AUSWAHL

Weitere pflegeleichte
Stauden, die gut zu einem
streng gestalteten Garten
passen, sind:

HORSTBILDEND

Alstroemeria ligtu –
Hybriden ♀

Akelei, Mc. Kana – Gruppe

Echinacea purpurea ›Robert
Bloom‹

Hemerocallis ›Golden
Chimes‹ ♀

Heuchera ›Pewter Moon‹

Gypsophila paniculata
›Bristol Fairy‹ ♀

Monarda ›Croftway Pink‹ ♀

Nepeta ›Six Hills Giant‹

Paeonia lactiflora ›Bowl of
Beauty‹ ♀

Papaver orientale
›Perry's White‹

Phlox paniculata ›Prince of
Orange‹ ♀

Physostegia virginiana

Scabiosa caucasica ›Clive
Greaves‹ ♀

Sidalcea ›Elsie Heugh‹

Stokesia laevis ›Blue Star‹

Thalictrum delavayi
›Hewitt's Double‹ ♀

HOHE BLÜTENSTÄNDE

Delphinium ›Blue Nile‹ ♀

Iris ›Early Light‹ ♀

Kniphofia ›Royal Standard‹

Liatris spicata ›Kobold‹

Lupinus ›The Chatelaine‹

Schizostylis coccinea
›Major‹ ♀

Veronica ›Shirley Blue‹ ♀

SCHÖNES BLATTWERK

Artemisia ›Powis Castle‹ ♀

Eryngium bourgatii

Euphorbia griffithii
›Dixter‹ ♀

Phlomis russeliana ♀

Stachys byzantina ›Silver
Carpet‹

*Weitere Einzelheiten: siehe
unter* Empfehlenswerte
Stauden, S. 64–77.

ECHINOPS BANNATICUS
*Die haarigen, graugrünen
Blätter umgeben wollige
Stängel, an deren Spitze
bläulich graue Blütenköpfe
stehen, die im Hoch- und
Spätsommer Schmetterlinge
und Bienen anlocken.*

Salvia × superba trägt hohe Blütenstände voll purpurfarbener Blüten, die
in Form und Farbe mit den benach-
barten Schafgarben kontrastieren.

Das Sedum ›Ruby Glow‹ mit seinen fleischigen dunkelgrünen Blättern und den flaumigen roten Blüten im
Spätsommer lässt die Beetkante weicher erscheinen.

NATURNAHES PFLANZEN

Traditionelle, »ordentlich« gepflegte Beete haben ihre Anhänger, aber man kann Stauden auch wunderbar etwas »verwildert« aussehen lassen, allerdings muss man die Pflanzen sorgfältig zusammenstellen, damit es nicht künstlich wirkt. Der Pflanzplan auf der nächsten Seite ist für ein kleines Beet gedacht. Wenn man einige der Pflanzen auch an andere Stellen im Garten setzt, entsteht der Eindruck, dass sie von selbst aufgekommen sind.

SO WIRKT ES UNGEKÜNSTELT

Seien Sie mutig! Setzen Sie auffällige Pflanzen wie Rudbeckien und Goldrute in asymmetrischen Gruppen und darunter als dichte Bodendecker niedrig wachsende und selbstaussamende Pflanzen wie Frauenmantel, damit rund um die höheren Pflanzen das Unkraut unterdrückt wird. Die Bodendecker müssen hart im Nehmen sein, damit sie von den wachsenden Großstauden nicht verdrängt werden. Wilde Sorten sind oft größer als Kultursorten.

STAUDEN IM GRAS

Der Wildrasen-Look ist recht beliebt, aber es ist gar nicht leicht, Stauden in einer Wiese anzusiedeln. Viel problemloser ist es, einfach einige Ziergräser *(siehe Kasten nächste Seite)* zwischen Stauden zu setzen. Man setzt die Gräser in Gruppen, so dass sie ganz natürlich wirkende Streifen um die Blühpflanzen herum ergeben. Es wird auch viel einfacher, mehrjährige Unkräuter zu erkennen und zu entfernen, denn Gräser und Stauden konkurrieren um Nährstoffe und Feuchtigkeit im Boden.

▶ NATÜRLICHE BESIEDELUNG
Manche Pflanzen, beispielsweise die Akelei, nutzen jede Gelegenheit, um sich selbst auszusamen. So füllen sie die Lücken zwischen den gekauften Pflanzen, verstärken die ungekünstelte Wirkung, weil man die Pflanzen sich selbst ausbreiten lässt, und lassen weniger Platz für Unkraut.

◀ SO WIRD ES GRÜN *Fiedermohn (hier mit Glockenblumen) wirkt durch interessantes Blattwerk.*

PFLANZPLAN FÜR EIN NATURNAHES BEET

Zu dieser Anordnung, die hier Mitte des Sommers gezeigt wird, gehören leicht zu pflegende Stauden, die mit unterschiedlichen Böden zurechtkommen und auch halbschattig stehen können. Abgesehen von zwei unwiderstehlichen Kultursorten von Storchschnabel und Fiedermohn *(Macleaya)* stehen hier nur natürlich wirkende Sorten. Für interessantes Blattwerk sorgen *Acanthus* und Fiedermohn sowie ein paar Gräser.

PFLANZPLAN

1   1 × *Acanthus mollis*
2   3 × *Geranium pratense* ›Plenum Caeruleumen‹, 60 cm Abstand
3   3 × *Rudbeckia laciniata*, 60 cm Abstand
4   3 × *Athyrium filix-femina* ♀, 50 cm Abstand
5   2 × *Macleaya microcarpa* ›Kelway's Coral Plume‹ ♀, 90 cm Abstand
6   1 × *Carex pendula*
7   5 × *Leucanthemum vulgare*, 30 cm Abstand
8   2 × *Campanula latiloba*, 45 cm Abstand
9   3 × *Aquilegia vulgaris*, 30 cm Abstand
10   2 × *Briza media*, 50 cm Abstand

1,5 m — 3 m

Acanthus mollis hat hübsche Blätter und Blüten, aus denen sich glänzende, kastanienbraune Samen entwickeln.

Rudbeckia laciniata hat tief eingekerbte Blätter und gelbe Blüten mit grüngelbem »Auge«.

GERANIUM PRATENSE *›Plenum Caeruleumen‹ ist eine doppelblütige Version eines Wild-Storchschnabels. Die Blätter zeigen eine schöne Herbstfärbung.*

Athyrium filix-femina, der Frauenfarn, bildet einen filigranen Horst grüner Wedel.

ZIERGRÄSER

Die meisten Ziergräser sind anspruchslos und können wie andere Stauden behandelt werden. Sie werden im Frühjahr zurückgeschnitten, wobei man darauf achtet, die neu austreibenden Blattspitzen nicht zu beschädigen. Es gibt silber- und goldblättrige Gräser und selbst einige mit gestreiften Blättern, die den Eindruck von Sonnenlicht vermitteln, das von oben durchs Laub fällt. Wenn die Blätter sich im Wind bewegen, entsteht eine schöne, natürliche Wirkung. Immer mehr kleine, horstbildende Gräser sind jetzt erhältlich. *Miscanthus (rechts)* und Pampasgras können sehr große Horste bilden. *Weitere Informationen siehe S. 71.*

M. SINENSIS ›ZEBRINUS‹

Macleaya microcarpa ›Kelway's Coral Plume‹ bereichert die Gruppe und bringt Höhe in die Pflanzgruppe.

Leucanthemum vulgare trägt im Spätfrühling und Frühsommer einfache Blüten, die wie Gänseblümchen aussehen.

Carex pendula, eine immergrüne Segge, bietet dem Auge das ganze Jahr über etwas, wenn man die geneigten Samenstände an der Pflanze belässt.

Campanula latiloba hat immergrüne Blattrosetten am Boden und hohe Blütenstände voller blauer Glocken.

Briza media, das Zittergras, bringt mit seinen Blättern und haferähnlichen Ähren Struktur ins Beet.

...uilegia vulgaris, die ...elei, verstreut Samen ... Überfluss.

STAUDEN IM SCHATTEN

Ein gewisses Maß an Schatten ist ein Plus für jeden Garten. Viele Stauden sind nicht nur schattenverträglich, sondern gedeihen viel besser, wenn sie nicht den ganzen Tag der Sonne ausgesetzt sind. Allerdings bestimmt die Tiefe des Schattens darüber, was dort wachsen kann; je stärker und länger der Schatten ist, desto geringer ist die Pflanzenauswahl. Der Pflanzplan auf der nächsten Seite zeigt Blüten- und Blattpflanzen für schattige Bereiche.

UMGANG MIT SCHATTEN IM GARTEN

Schatten kann ganz unterschiedlich dunkel sein. Unter Laubbäumen kann man das Licht, das im Frühjahr einfällt, zur Pflanzung von farbenfrohen Zwiebelpflanzen und anderen Frühjahrsblühern nutzen. Im Teilschatten, wo also Bäume und Sträucher nicht sehr dicht stehen oder die Sonne nur einen Teil des Tages hinkommt, können Alpenveilchen, Veilchen und Primeln für Frühjahrsfreude sorgen, während im Sommer Astilben und Geißbart gut blühen. Mit dem ganztägigen, ganzjährigen Schatten, den immergrüne Pflanzen oder hohe Gebäude werfen, kommen fast nur Blattpflanzen zurecht. Das ist das Reich der Farne, Funkien und Bergenien.

PRAKTISCHE TIPPS

• Bäume und Büsche, die den Stauden das Licht nehmen, machen ihnen auch Nährstoffe und Wasser streitig. Junge Stauden müssen regelmäßig gegossen werden, bis sie gut angewachsen sind. Bereiche im Regenschatten mulcht man im Frühjahr bei feuchtem Boden. Stauden profitieren auch von einem ausgewogenen Dünger, der allerdings bei feuchtem Boden ausgebracht werden muss.

• Wo eine Mauer oder ein Baum Schatten werfen, liegt der Boden wahrscheinlich auch im Regenschatten. Man muss darauf achten, dass die Pflanzen dort in Trockenzeiten genügend Wasser bekommen.

• Pflanzen im Schatten einer weißen Mauer sind schöner als an einer dunklen.

FRÜHJAHRSBLÜHER UNTER EINEM LAUBBAUM
Von selbst vermehrte Zwiebelpflanzen wachsen unter diesem Laubbaum, der noch keine Blätter trägt.

PFLANZEN IM LICHTEN SCHATTEN
Früh blühende Primeln und Veilchen decken den Boden unter Sträuchern ab und sind im Sommer dankbar für den Schatten.

◄ GRÜNE PARTNER *Blaugrüne Funkien und Farne sind zuverlässige Schattenpflanzen.*

PLAN FÜR EINE SCHATTIGE ECKE

Diese Pflanzgruppe macht sich die Tatsache zunutze, dass im Schatten liegender Boden die Feuchtigkeit oft gut hält, während man trockeneren Boden mulchen kann *(siehe S. 54)*. Die Blütenkelche der Christrose zeigen oft schon Mitte Februar ihre Pracht. Dichtauf folgen ihnen die Blütenbüschel der Bergenien. Rosa, Blau und Weiß sind die Haupt-Sommerblütenfarben. Interessanter wird das Ganze durch Fingerhut, Funkien und Farne.

HELLEBORUS ORIENTALIS
Die kelchförmigen, manchmal gefleckten Blüten erscheinen im Vorfrühling. Schäbiges altes Blattwerk entfernt man.

Polygonatum falcatum ›Variegatum‹, ein Salomonssiegel mit gestreiften Blättern, wirkt elegant.

Polystichum setiferum ist ein hoher, immergrüner Farn, der sich im Winter mit Farbe und interessanter Form verdient macht.

Omphalodes verna hat hellblaue Blüten, die gegen Spätfrost empfindlich sind.

BERGENIE ›SILBERLICHT‹
Eine wuchsfreudige Sorte mit ledrigen, immergrünen Blättern und anfangs weißen, später rosa Blüten.

Brunnera macrophylla zeigt im Frühjahr Blüten, die dem Vergissmeinnicht ähneln. Selbstaussamend.

Bei *Athyrium niponicum* var. *pictum* sind die Wedel purpurn, grün und silbergrau.

Hosta sieboldiana hat riesige Blätter und bringt später blasslilafarbene Blüten hervor.

PFLANZPLAN

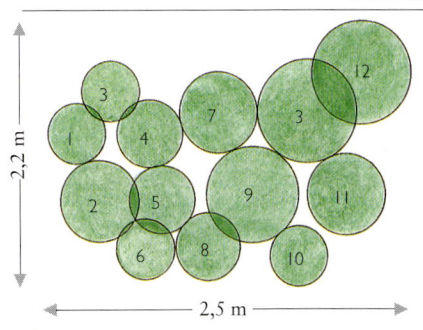

1 2 × *Omphalodes verna*, 45 cm Abstand
2 1 × *Bergenia* ›Silberlicht‹ ♀
3 3 × *Digitalis grandiflora* ♀, 30 cm Abstand
4 3 × *Polygonatum falcatum* ›Variegatum‹, 30 cm Abstand
5 1 × *Helleborus orientalis*
6 2 × *Brunnera macrophylla* ♀, 45 cm Abstand
7 3 × *Polystichum setiferum* ♀, 30 cm Abstand
8 2 × *Athyrium niponicum* var. *pictum* ♀, 45 cm Abstand
9 1 × *Hosta sieboldiana*
10 4 × *Tiarella wherryi* ♀, 25 cm Abstand
11 1 × *Dicentra spectabilis* ♀
12 2 × *Campanula latifolia*, 60 cm Abstand

Campanula latifolia bringt im Sommer tief violette oder weiße Glocken hervor.

DIGITALIS GRANDIFLORA
Dieser ungewöhnliche Fingerhut trägt vom Früh- bis zum Hochsommer blassgelbe Blüten.

Dicentra spectabilis trägt im Frühsommer medaillenförmige Blüten.

Tiarella wherryi schmückt sich im Spätfrühjahr und Frühsommer mit rosafarbenen Blüten.

WEITERE AUSWAHL

TROCKENER SCHATTEN
Carex pendula
Iris foetidissima
Lunaria rediviva
Paeonia emodi

FEUCHTER SCHATTEN
Matteuccia struthiopteris
Meconopsis
Osmunda regalis ♀

ALS BODENDECKER
Anemone × *hybrida*
Pulmonaria
Polypodium vulgare (Farn)

PFLANZEN FÜR FEUCHTE BÖDEN

Pflanzen, die gut drainierten Boden brauchen, faulen in feuchtem Boden oft. Es gibt aber genügend attraktive Stauden, denen ständige Feuchte an den Wurzeln gut tut. Viele davon vertragen es auch, eine Zeit lang im Wasser zu stehen, aber die meisten mögen es nicht, wenn sie ständig nasse Füße haben. Wer solche Pflanzen mag, aber keinen geeigneten Standort für sie hat, der kann sich leicht ein Moorbeet anlegen *(siehe unten)*.

ANLEGEN EINES MOORBEETES

Es ist gar nicht schwer oder teuer, ein Moorbeet anzulegen. Man gräbt dazu ein schüsselförmiges, mindestens 45 cm tiefes Loch aus. Diesen Bereich recht man ab, entfernt spitze Steine und legt ihn mit einer dicken Plastikfolie aus. Am Boden macht man mit der Grabgabel Löcher in die Folie, damit das Wasser sich nicht übermäßig stauen kann, und gibt darauf eine 5 cm starke Schicht aus Kies. Das Ganze füllt man mit einer Erdmischung *(siehe unten)* auf und wässert vor dem Pflanzen gründlich.

PRAKTISCHE TIPPS

• Wenn die Bodenoberfläche trocken ist, muss wieder Wasser aufgefüllt werden.
• Eine dicke Schicht Mulch aus Rinde oder Holzschnitzeln verringert die Verdunstung.
• Zum einfacheren Gießen gräbt man ein Drainagerohr oder einen gelochten Schlauch bis zur Kiesschicht ein und verschließt das untere Ende.
• In ein größeres Moorbeet legt man Steinplatten oder Baumstämme, so dass man das Beet leichter betreten kann.

PFLANZEN FÜR EINEN FEUCHTEN STANDORT
Viele ganz normale Stauden und vor allem Farne lieben feuchte Bedingungen. Wer mehr Auswahl will, kann in der Gärtnerei bei den Wasserpflanzen nach Uferpflanzen wie der Sumpfdotterblume (Caltha palustris) *suchen.*

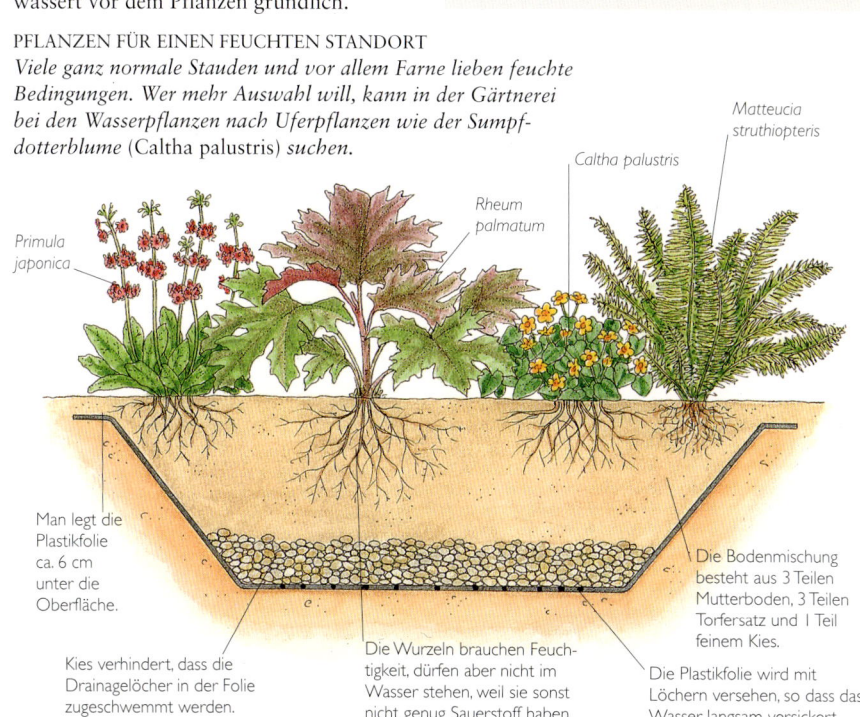

Matteucia struthiopteris

Caltha palustris

Rheum palmatum

Primula japonica

Man legt die Plastikfolie ca. 6 cm unter die Oberfläche.

Kies verhindert, dass die Drainagelöcher in der Folie zugeschwemmt werden.

Die Wurzeln brauchen Feuchtigkeit, dürfen aber nicht im Wasser stehen, weil sie sonst nicht genug Sauerstoff haben.

Die Bodenmischung besteht aus 3 Teilen Mutterboden, 3 Teilen Torfersatz und 1 Teil feinem Kies.

Die Plastikfolie wird mit Löchern versehen, so dass das Wasser langsam versickert.

◄ VERSCHWENDERISCHE PRACHT *Üppig grüne Funkien als Bühne für rosafarbenen Wiesenknöterich.*

PLAN FÜR EINE TEICHRAND-BEPFLANZUNG

Dieser Vorschlag eignet sich für jeden mittelgroßen Bereich mit feuchtem Boden – beispielsweise neben einem Gartenteich wie hier gezeigt, wo das Spiegelbild der Pflanzen im Wasser die Wirkung beträchtlich erhöht. Die Pflanzung ist so angelegt, dass sie von Frühjahr bis Spätsommer bunte Blüten zeigt (hier im Frühsommer gezeichnet). Vor allem die lang blühende rote Gauklerblume und die buntlaubige Funkie sind unentbehrlich.

PFLANZPLAN

1   3 × *Mimulus cupreus* ›Whitecroft Scarlet‹ ♀, 30 cm Abstand
2   3 × *Iris sibirica*, 45 cm Abstand
3   2 × *Persicaria bistorta* ›Superba‹ ♀, 60 cm Abstand
4   1 × *Funkie* ›Shade Fanfare‹ ♀
5   2 × *Trollius europaeus*
6   3 × *Primula japonica* ♀, 35 cm Abstand

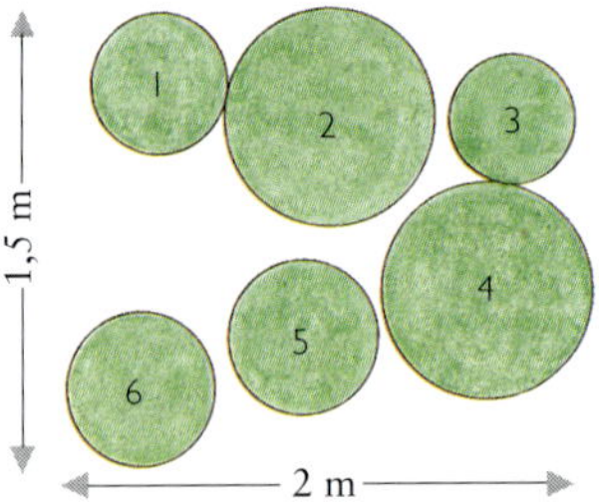

Mimulus cupreus ›Whitecroft Scarlet‹ ist ziemlich kurzlebig, bildet aber entlang der Wasserlinie einen wunderschönen Blütenteppich.

1,5 m — 2 m

PRIMULA JAPONICA
Gehört zu den Kandelaber-
primeln, die sich wunderbar
für Teichränder eignen. Zu
dichte Gruppen kann man im
Spätsommer teilen, wenn die
Blätter absterben.

IRIS SIBIRICA
Die violetten Blüten stehen im Sommer hoch über den streifenförmigen Blättern. Die Auswahl an sibirischen Iris in den verschiedensten Farben ist groß; die Palette reicht von Blassblau über Gelb, Tiefblau, Dunkelrot bis hin zu Weiß.

RICHTIGE WAHL

Viele Pflanzen, die in feuchtem Boden gedeihen, können sehr groß werden. Rhabarber, *Ligularia*, *Gunnera*, *Iris laevigata* und *Rodgersia pinnata* werden oft an Teichränder gesetzt, überwuchern kleine Standorte jedoch schnell. Wenn es üppig und grün aussehen soll, wählt man interessantes Blattwerk und warme, lebhafte Blütenfarben. Das könnte beispielsweise eine Gruppe von Farnen sein, in der sich die dunklen Blätter und die scharlachroten Blütenstände der Staudenlobelien ›Queen Victoria‹ oder ›Dark Crusader‹ finden, oder die dunkelbraunen Stängel und kupfrig rosafarbenen Blüten der Nelkenwurz ›Leonard's Variety‹.

Persicaria bistorta ›Superba‹ blüht lange Zeit. Sie breitet sich rasch aus, lässt sich aber auch leicht entfernen.

Die Funkie ›Shade Fanfare‹ hat im Sommer kurze Blütenstände mit lavendelfarbenen Blütentrichtern.

Trollius europaeus blüht von Anfang bis Mitte des Sommers zitronengelb. Die Blüten ähneln Butterblumen.

STAUDEN IN KÜBELN

Viele Stauden fühlen sich in Kübeln wohl. Aus praktischen Gründen sind kleine und mittelgroße Pflanzen am besten geeignet, obwohl auch hochwüchsige Pflanzen wie *Phormium* wunderbare Blickfänge bilden, wenn man dramatische Wirkung möchte. Kriechende Pflanzen eignen sich zum Kaschieren der Kübelkanten. Man sollte daran denken, dass Farbe und Form der Blätter bei erhöht stehenden Pflanzgruppen besonders auffallen.

AUSWAHL DES BEHÄLTERS

Die Auswahl an Pflanzbehältern ist riesig: glasierte Schalen, Töpfe aus Terrakotta oder Plastik, traditionelle Holzkübel oder Steintröge. Am besten wählt man Materialien, die an andere harte Oberflächen im Garten anknüpfen. Wenn die Pflanzen länger als eine Saison im Kübel bleiben sollen, brauchen die Wurzeln genügend Platz; außerdem verlieren kleinere Behälter zu schnell Wasser. Jede Kübelpflanze muss regelmäßig gegossen und gelegentlich umgepflanzt werden. Man wählt dazu frostsicheres Material. Will man im Sommer weniger stabile Behälter nehmen, so belässt man die Pflanzen in den Kübeln in ihren Plastiktöpfen.

PRAKTISCHE TIPPS

• Neue Tontöpfe legt man vor dem Einpflanzen über Nacht in Wasser. So verdunstet später das Wasser nicht so schnell.

• Für langlebige Stauden eignet sich eine lehmige Erde am besten. Für kalkfliehende Pflanzen verwendet man Moorbeeterde.

• Die Kübel sollten nicht direkt auf dem Boden stehen.

• Langsam wirkender Dünger in Granulatform versorgt die Pflanzen eine Saison lang.

• Außer bei Pflanzen mit ähnlichen Ansprüchen, wie Steingartenpflanzen, ist es leichter, den Pflanzen die richtigen Bedingungen zu bieten, wenn man pro Behälter nur eine Pflanze setzt.

Topf ins Wasser stellen.

Eimer zu zwei Dritteln mit Wasser füllen.

WÄSSERN VOR DEM PFLANZEN
Man stellt die noch eingetopfte Pflanze so lange in einen Eimer Wasser, bis keine Luftblasen mehr aufsteigen.

Die Ablauföffnungen am Topfboden dürfen nicht blockiert sein.

GUTE WASSERFÜHRUNG
Vor dem Befüllen mit Pflanzerde legt man auf den Kübelboden eine flache Schicht aus Tonscherben oder Styroporchips.

◀ROSA UND GRÜN *Rosa, wie bei diesem Storchschnabel, wirkt in Tontöpfen erstaunlich gut.*

PLAN FÜR EINE KÜBELGRUPPE

Diese Gruppe bleibt lange ansehnlich: Frühen Veilchen und Küchenschellen folgen Glockenblumen und Ölblumen mit Feldthymian. Diese flachwurzelnden Pflanzen gedeihen gut im Trog.

Agapanthus bietet einen hoch aufragenden Blickfang. Der Storchschnabel blüht die ganze Saison über, während die Purpurglöckchen für interessantes Blattwerk sorgen.

PFLANZPLAN

1 1 × *Geranium* × *oxonianum*
2 1 × *Heuchera micrantha* ›Palace Purple‹
3 1 × *Thymus serpyllum*
4 1 × *Viola riviniana* Purpurea-Gruppe
5 2 × *Diascia* ›Salmon Supreme‹
6 3 × *Pulsatilla vulgaris*
7 1 × *Campanula portenschlagiana*
8 2 × *Geranium* × *cantabrigiense* ›Biokovo‹
9 3 × *Agapanthus campanulatus* ›Isis‹

Geranium x oxonianum bringt seine rosa Blüten vom Spätfrühling bis zum Herbst hervor.

Heuchera micrantha ›Palace Purple‹ trägt cremefarbige Blüten, denen rosarote Samenstände folgen.

Thymus serpyllum kriecht dekorativ über die Kübelkanten. Im Sommer trägt er purpurfarbene Blütendolden.

Diascia ›Salmon Supreme‹ blüht ununterbrochen von Sommer bis Herbst.

VIOLA RIVINIANA
Die blassvioletten Blüten stehen vor dunkelgrünen Blättern. Samt stark aus.

EBENFALLS FÜR KÜBEL ZU EMPFEHLEN

BLÜHPFLANZEN

Dicentra spectabilis ›Alba‹ ♀
Limonium (Strandflieder), v. a.
    L. platyphyllum ›Violetta‹
Osteospermum, v. a. ›Stardust‹
Primeln: *P. allionii, P. rosea* ♀;
    P. vulgaris subsp.
    sibthorpii ♀;
    P. denticulata ♀
Viola cornuta ♀

BLATTPFLANZEN

Carex flagellifera
Funkien: ›Ginko Craig‹,
    ›Ground Master‹, ›Golden
    Tiara‹ ♀, *H. ventricosa* ♀
Hakonechloa macra ›Aureola‹ ♀
Houttuynia cordata
    ›Chameleon‹
Mentha suaveolens ›Variegata‹
Sedum spathulifolium

KRIECHPFLANZEN

Blaukissen
Campanula cochleariifolia
    ›Flore Pleno‹
Dryas octopetala ♀
Gänsekresse *(Arabis)*
Sedum acre ›Aureum‹
Sempervivum, v. a. *S.
    arachnoideum* subsp.
    tomentosum ♀

Agapanthus campanulatus ›Isis‹
erreicht bis zu 75 cm Höhe und
trägt vom Hoch- bis Spät-
sommer dunkelblaue Blüten. Sie
ist ziemlich winterfest. In
kälteren Gegenden sollte sie
geschützt werden.

Geranium x cantabrigiense
›Biokovo‹ ist eine kompakte
Pflanze, die im Sommer
rosaweiße Blüten trägt.

PULSATILLA VULGARIS
Diesen seidigen Frühjahrs-
blühern folgen ebenso
hübsche Samenstände. Sie
brauchen Sonne und gute
Drainage.

Campanula portenschlagiana
eignet sich gut zum Kaschieren
der Kübelränder. Im Hochsommer
ist die Pflanze mit Blüten übersät.
Muss im Zaum gehalten werden,
damit sie andere Pflanzen nicht
verdrängt.

PFLEGE DER STAUDEN

EIN GUTER START INS PFLANZENLEBEN

STAUDEN ZU PFLANZEN UND ZU PFLEGEN kann eine sehr befriedigende Sache sein. Die wichtigste Zeit, die man ihnen widmen sollte, liegt ganz am Anfang – bei der Auswahl der richtigen Pflanze für Standort und Boden, bei der Vorbereitung des Bodens, der Auswahl gesunder Pflanzen und der sorgfältigen Pflanzung. All dies zahlt sich später durch gesunde, wuchsfreudige Pflanzen aus.

GEHEIMNISSE DES ERFOLGREICHEN GÄRTNERNS

Gartenarbeit muss keine Plackerei sein und kann viel Spaß machen. Man kann dabei aus der Nähe beobachten, wie die grünen Schützlinge im Verlauf des Jahres wachsen, blühen und wieder vergehen.

»Wenig und oft« lautet das Geheimnis, wenn die Gartenarbeit sich nicht zu einem großen Haufen Arbeit auswachsen soll. Nehmen Sie sich regelmäßig die Zeit, eine Runde durch den Garten oder um die Terrasse zu drehen und sich die Pflanzen anzusehen. So kann man alle möglichen Probleme schon im Ansatz lösen. Unkraut schon als zarte Pflänzchen auszureißen, ist nicht nur einfacher als das Jäten großer Pflanzen, sondern stört auch die Wurzeln der erwünschten Pflanzen weniger.

Mit Pflanzenkrankheiten befasst man sich am besten, bevor sie richtig ausbrechen. Oft reicht es aus, einen Schädling zu entfernen oder einen befallenen Zweig abzuzwicken. Regelmäßiges Entfernen der abgestorbenen Blüten verbessert und verlängert bei vielen Pflanzen die Blüte. Wenn man neu gesetzte Pflanzen gut wässert, brauchen sie später kaum noch Wasser – das erspart viele Stunden Arbeit.

NÜTZLICHE BEGRIFFE

- **Kultivar, Sorte** Abwandlung einer natürlich vorkommenden Art, die wegen einer Besonderheit ausgewählt oder gezüchtet wurde. Der Züchter wählt einen Namen für die Pflanze, z. B. *Dicentra* ›Stuart Boothman‹.
- **Dormanz, Winterruhe** Unterbrechung von Pflanzenwachstum und -aktivität während der kalten Wintermonate.
- **Gattung** Gruppe von Pflanzenarten, denen bestimmte Merkmale gemeinsam sind, beispielsweise *Dicentra*.
- **Hybride** Kreuzung verschiedener Arten, im lateinischen Namen durch das Symbol × gekennzeichnet.
- **Rhizom** Unterirdischer, kriechender, fleischiger Stängel, der Wurzeln und Schösslinge bildet.
- **Spezies, Art** Gruppe von Pflanzen, die miteinander gekreuzt werden können und ähnliche Nachkommen hervorbringen, z. B. *Dicentra spectabilis*.
- **Subspezies, Varietät** Natürlich vorkommende Abwandlungen innerhalb einer Art; dadurch gekennzeichnet, dass man dem lateinischen Namen die Abkürzung Subsp. oder Var. nachstellt, z. B. *Dicentra spectabilis* var. *alba*, eine weißblütige Form der rosablütigen Art.

◀ MOHN IM BLICK *Türkischer Mohn zwischen dauerblühenden Wolfsmilchgewächsen.*

VORBEREITUNG DES BODENS

VOR DEM PFLANZEN VON STAUDEN muss man den Boden unbedingt gründlich vorbereiten. Sobald die Pflanzen einmal wachsen und sich ausbreiten, kommt man an den Boden kaum noch heran. Zuerst entfernt man alle mehrjährigen Unkräuter. Dann sollte man den Boden umgraben oder wenden – eine Motorfräse ist da ein Segen – und danach organisches Material mit einbringen, um die Bodenstruktur und -qualität zu verbessern.

ENTFERNEN VON UNKRAUT

Auf jungfräulichem Boden, den man für eine Pflanzung vorbereiten will, muss man zunächst hartnäckige mehrjährige Unkräuter wie Bingelkraut und Winde entfernen, weil deren Wurzeln sich im Boden weit ausbreiten und mit den Wurzeln der erwünschten Pflanzen eine innige Verbindung eingehen. Bei sehr viel Unkraut lohnt es sich durchaus, den gesamten Bereich in der Saison vor dem Pflanzen mit einem systematischen Unkrautvernichtungsmittel zu spritzen. Manche Unkräuter, wie Kreuzkraut und Löwenzahn, lauern als Samen im Boden und kommen das ganze Jahr über hoch. Man kann sie mit der Hacke entfernen, sobald sie sich herauswagen.

UNKRAUTVERNICHTUNG

• Eine gründliche Beratung ist bei allen Herbiziden sehr wichtig!

• »Kontakt«-Herbizide töten einjährige Unkräuter ab, vernichten bei mehrjährigen aber nur die oberirdischen Pflanzenteile, während die Wurzeln überleben.

• »Systemische« Herbizide vernichten sowohl bei einjährigen als auch bei mehrjährigen Pflanzen Blätter, Stängel und Wurzeln, ohne dem Boden zu schaden. Sie sind am wirkungsvollsten, wenn die Pflanzen voll im Wachstum stehen.

• Manche mehrjährigen Unkräuter muss man öfter behandeln als nur ein Mal.

UNKRAUTENTFERNUNG PER HAND
Mit der Gabel hebt man das Unkraut an, nimmt dabei die Haupttriebe knapp über dem Boden in die Hand und zieht so viele Wurzeln heraus wie möglich.

FOLIENABDECKUNG
Wenn man das Pflanzen um ein oder zwei Vegetationsperioden hinausschieben kann, deckt man den Bereich mit dicker, schwarzer Plastikfolie ab.

UMGRABEN LEICHT GEMACHT

Das Umgraben in einem größeren Bereich ist viel leichter, wenn man es mit Methode macht. Bei einer Spatentiefe bricht man die Klumpen auf und belüftet den Boden, ohne dabei den unfruchtbaren Unterboden an die Oberfläche zu bringen. Man kann auch organisches Material mit untergraben. Umgraben bei nassem Boden schädigt die Bodenstruktur. Den Rücken lässt man gerade und legt öfter Pausen ein.

ERSTER GRABEN
Man markiert sich kleine Bereiche, die man gut schaffen kann, und beginnt mit einem etwa 30 cm breiten Graben von einer Spatenlänge Tiefe.

ÜBRIGER BEREICH
Nun gräbt man einen zweiten Graben und schüttet die Erde in den ersten um. Einjährige Unkräuter gräbt man mit unter. Den letzten Graben füllt man mit der Erde des ersten auf.

MIT MOTORFRÄSE

Wenn man plant, auf großen, verwilderten Flächen eine Motorfräse einzusetzen, muss man unbedingt vorher die mehrjährigen Unkräuter entfernen. Die Fräse zerkleinert sonst die Wurzeln zu winzigen Stücken, von denen jedes wieder austreiben und Pflanzen bilden kann, so dass das Problem noch viel größer wird. Wenn man eine Maschine leihen oder kaufen will, lässt man sie sich vorher vorführen.

VERBESSERUNG DER BODENSTRUKTUR

Umgraben und Umstechen verbessern durchaus die Bodenstruktur, aber man kann das noch steigern, indem man gut verrottetes organisches Material mit einarbeitet – am besten ein halbes Jahr vor dem Pflanzen. Dadurch werden Drainage, Belüftung, Fruchtbarkeit und Wasserhaltefähigkeit des Bodens verbessert.

ANREICHERN DES BODENS
Dazu gräbt man organisches Material wie Gartenkompost, gut verrotteten Mist, kompostierte Rinde oder Laubmulch unter.

EINEBNEN DER OBERFLÄCHE
Vor dem Pflanzen zerkleinert man mit einem weitzinkigen Rechen die Erdklumpen auf der Oberfläche. Dadurch wird das Jäten leichter.

PFLANZEN DER STAUDEN

D IE MEISTEN STAUDEN werden in Containern gezogen und verkauft. So kann man sie das ganze Jahr über pflanzen, außer bei Frostwetter. Die traditionellen Pflanzzeiten – Frühjahr und Herbst – sind aber die besten, weil das milde und feuchte Wetter das Anwachsen begünstigt. Bei heißem, sonnigem Wetter tritt meist ein Wachstumsstillstand ein.

AUSWAHL EINER GESUNDEN PFLANZE

Man sollte keine Stauden kaufen, die Anzeichen von Krankheiten oder Vernachlässigung zeigen, also welke Blätter oder aus dem Topfboden drängende Wurzeln. Man sucht sich Pflanzen aus, die stämmig und kräftig gewachsen sind. Unkraut und Moos an der Erdoberfläche sind ebenfalls schlechte Anzeichen.

TIPP ZUM GELDSPAREN

Eine Pflanze sollte man nicht nach der Größe beurteilen. Eine ältere Pflanze kann lange zum Anwachsen brauchen. Ein kleineres Exemplar mit frischen Trieben ist nicht so teuer und wächst zügig. Sobald die Pflanze angewachsen ist, kann man sie teilen *(siehe S. 57).*

Kräftige, gesunde Blätter ohne Krankheitsanzeichen

Sauberer, feuchter Kompost

Gut ausgewachsene, vitale Wurzeln

GESUNDE PFLANZE
Dieses Exemplar ist gesund. Pluspunkte sind: frei von Unkraut, stämmiger Wuchs, viele Triebe und gut entwickelte Wurzeln.

Schwache Blätter

Kompost, mit Moos und Unkräutern bewachsen

Basis, alt und verholzt

SCHLECHT GEPFLEGTE PFLANZE
Bei dieser Pflanze deuten der kränkliche Wuchs sowie das Moos und das Unkraut auf mangelnde Pflege und Düngung hin.

VERFILZT
Pflanzen, bei denen die Wurzeln sich innen an der Topfwand entlangwinden, sollte man niemals kaufen. Sie wachsen meist nicht gut an.

Die verfilzten Wurzeln bilden eine dichte Masse.

PFLANZEN VON STAUDEN AUS DEM TOPF

Bevor man eine Gruppe von Pflanzen
auspflanzt, stellt man sie in den Töpfen auf
den Boden, um die beste Anordnung und
die Abstände festzulegen. Vor und nach
dem Pflanzen gut wässern.

PRAKTISCHER TIPP

Um gekaufte Pflanzen vor dem Auspflanzen
gründlich zu wässern, stellt man sie mit Topf
15 Minuten in einen Eimer Wasser.

1 **Das Pflanzloch graben,** auf
Tiefe und Breite achten. An
den Topf klopfen und Pflanze
herausgleiten lassen.

2 **Obere Kompostschicht** mit
Moos und Unkraut ab-
kratzen. Wurzeln mit den
Fingern etwas lockern.

3 **Die Pflanze einsetzen,** ohne
die Wurzeln zu beschä-
digen. Mit Erde auffüllen, gut
festdrücken und wässern.

WIE TIEF WIRD GEPFLANZT?

Viele Stauden pflanzt man auf dieselbe Tiefe, die sie im Topf hatten.
Manche wachsen allerdings besser, wenn die Basis über der Erdoberfläche sitzt, andere treiben aus, wenn sie tiefer gepflanzt werden.

Basis etwas
über der
Erdober-
fläche

Basis auf Ober-
flächen-Niveau

Basis etwa 2 cm
unter der
Oberfläche

Basis etwa
10 cm unter
der Ober-
fläche

FLACHE PFLANZUNG
Sisyrinchium stria-
tum, *Gartennelken*
(Dianthus), *Seiden-
pflanze* (Asclepias),
Rhabarber, Phormium
und Iris

**EBEN ZUR
OBERFLÄCHE**
*Die meisten Stauden
sollte man eben zur
Erdoberfläche
pflanzen, sonst faulen
die Stängel.*

**UNTER DER
OBERFLÄCHE**
*Funkien, Tränendes
Herz, Steppenkerze,
Pfingstrosen und
Maiglöckchen*
(Convallaria)

TIEFE PFLANZUNG
Salomonssiegel
(Polygonatum),
Crinum, Eisenhut
(Aconitum),
*Montbretien und
Amaryllisgewächse*

PFLEGE DER PFLANZEN IM JAHRESLAUF

GUTE VORBEREITUNG UND GUTES PFLANZEN regen Stauden zu gesundem, nachhaltigem Wachstum an. Man gießt nur so lange, bis die Pflanze gut angewachsen ist, und benutzt dazu am besten Regenwasser. Mulchen hilft, das Unkraut in Schach zu halten, spart Wasser und verbessert die Bodenstruktur. Manche Stauden brauchen eine Stütze, viele können zu besserem Blühen angeregt werden.

DÜNGEN UND GIESSEN

Eine jährliche Gabe Knochenmehl oder Volldünger im Frühjahr sollte ausreichend Nährstoffe bereitstellen. Dünger darf nicht mit Blättern, Blüten und Stängeln in Berührung kommen, sonst gibt es Verätzungen.

Wieviel gegossen werden muss, hängt von den Boden- und Wetterbedingungen sowie von den Ansprüchen der jeweiligen Pflanzen ab. Die meisten gut angewachsenen Stauden gedeihen auf sorgfältig bearbeitetem Boden mit nur gelegentlichem Gießen (viele lieben trockenen Boden), aber junge Pflanzen brauchen viel Feuchtigkeit, bis sie gut angewachsen sind. Am wirkungsvollsten ist es, wenn man am frühen Abend gießt und das Wasser direkt auf die Wurzeln richtet.

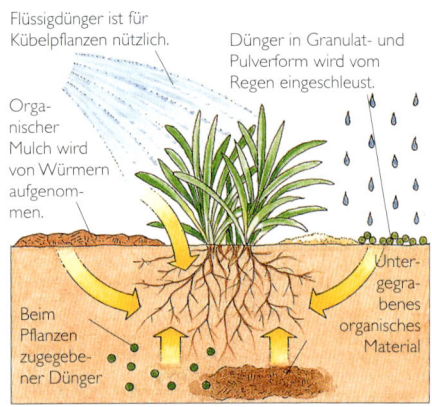

Flüssigdünger ist für Kübelpflanzen nützlich.

Dünger in Granulat- und Pulverform wird vom Regen eingeschleust.

Organischer Mulch wird von Würmern aufgenommen.

Beim Pflanzen zugegebener Dünger

Untergegrabenes organisches Material

MÖGLICHKEITEN DER PFLANZENDÜNGUNG
Wichtig ist ein gut ausgewogenes Verhältnis von organischem Material, Dünger und Wasser.

VERSCHIEDENE MÖGLICHKEITEN BEIM MULCHEN

Organische Mulchschichten unterdrücken das Unkraut, halten das Wasser zurück und verbessern die Bodenstruktur, während sie allmählich zum Bodenbestandteil werden.

Mulchfolien aus Papier oder Geotextilien lassen das Wasser durch, unterdrücken aber das Unkraut. Man mulcht im Frühjahr oder Sommer bei feuchtem Boden.

ORGANISCHER MULCH
Kompost, verrotteten Mist oder Laubmulch mindestens 3 cm stark aufbringen, Pflanzenbasis aussparen.

MULCHFOLIE
Spezialtextilien können als Mulch eingesetzt werden. Man schneidet sie kreuzweise ein und pflanzt durch die Lücken.

DEKORATIVER MULCH
Rindenschnitzel oder Splitt verstecken eine Mulchfolie und bilden eine Unkraut unterdrückende Bodenabdeckung.

DEN PFLANZEN EINE STÜTZE

Am besten vermeidet man die Notwendigkeit von Stützgerüsten, indem man so viele frei stehende Pflanzen wie möglich setzt *(siehe unten)*. Hohe Stauden brauchen vor allem an Standorten, die dem Wind ausgesetzt sind, eine Stütze, ebenso wie Pflanzen mit schwachen Stängeln. Man stellt den Staudenhalter möglichst früh auf und verwendet Stäbe, die etwa zwei Drittel so hoch sind, wie die Pflanze später wird, und steckt sie in der Nähe der Stängelbasis vorsichtig, aber mit Nachdruck in den Boden, wobei man sie gleichmäßig um die Pflanze herum verteilt. Die Enden der Stäbe kann man z. B. mit Korken abdecken, um Augenverletzungen zu vermeiden.

STÄBE IM KREIS
Rund um vielstängelige oder herabhängende Stauden steckt man Stäbe in den Boden, die man mit Draht verbindet.

NOCH EIN STAUDENHALTER
Man steckt die Stäbe tief in den Boden und zieht sie mit zunehmender Höhe der Pflanze allmählich hoch.

RINGGERÜST
So stützt man horstbildende Stauden. Man steckt das Gerüst tief in den Boden und zieht sie hoch, wenn die Pflanze hindurchwächst.

EINFACHER STAB
Rittersporn und andere Pflanzen mit hohen Einzelstängeln bindet man mit Draht oder Bast an, wenn sie 20 bis 25 cm hoch sind.

WELCHE PFLANZEN BRAUCHEN STÜTZEN?

FREI STEHENDE STAUDEN
Viele horstbildende Stauden brauchen keine Stütze – dazu gehören Akelei, Silberkerze, Taglilien, Storchschnabel, Nelkenwurz und Rudbeckien. Um nicht so viele Stützen setzen zu müssen, wählt man kurze oder kompakte (und oft neuere) Sorten der schlankstängeligen Pflanzen wie Rittersporn.

STÜTZE FÜR EINZELSTÄNGEL
Einzelnen Stängeln von Eisenhut, Glockenblumen, Rittersporn, Stranddistel, Gelenkblume und Germer gibt man eine Stütze.

STÜTZEN FÜR HOHE STAUDEN
Hohe Horste wie Astilben, Goldrute, Sonnenbraut und hohe Astern brauchen oft eine Rundumstütze, z. B. aus Blumendraht rund um die Stützstäbe oder einem Staudenhalter *(siehe oben)*. Auch Stauden mit schweren Blüten, wie Dahlien und Päonien, tun sich mit einem Ringgerüst leichter.

AQUILEGIA

So werden Stauden noch ansehnlicher

Bei manchen Pflanzen erzielt man schönere Blüten, wenn man sie ausdünnt (Triebe wegzwickt). Bei vielen anderen Pflanzen verlängert man die Blütezeit, wenn man abgeblühte Köpfe entfernt und die Triebe zurückschneidet – auf welche Länge, hängt von der Pflanze ab. Das Ergebnis kann sich sehen lassen.

BESSERE BLÜTEN
Dünne junge Triebe lichtet man im Frühjahr aus, wenn sie höchstens ein Drittel ihrer Endhöhe erreicht haben. Man entfernt ungefähr jeden dritten Trieb.

Pflanzen, die durch Auslichten besser blühen: **Phlox, späte Astern, Lupinen, Rittersporn, Goldrute** *(Solidago).*

BUSCHIGE PFLANZEN
Wenn die Triebe ein Drittel ihrer Endhöhe erreicht haben, zwickt man die obersten 2,5 cm genau über einer Blattachsel heraus. Dadurch wird der Wuchs buschiger.

Pflanzen, die durch Einkürzen schöner werden: **späte Astern, Chrysanthemen (zwei Mal),** *Helenium,* **Phlox, Rudbeckien.**

MEHR BLÜTEN
Sobald die Blütenköpfe unansehnlich werden, schneidet man den Trieb bis zu einem Seitentrieb – wenn möglich – zurück. Dadurch wird eine zweite Blüte angeregt.

Abgeblühte Blütenköpfe entfernen: **Chrysanthemen, Gartennelken, Lupinen, Gauklerblume, Penstemon, Phlox.**

NEUE TRIEBE
Alte, abgeblühte Stängel schneidet man bis zur Basis zurück, sobald von dort neue Stängel austreiben. Oft blüht die Pflanze dadurch später ein zweites Mal.

Rückschnitt günstig bei: **Flockenblume, Hundskamille, Katzenminze** *(Nepeta),* **Rittersporn, Salbei, Storchschnabel.**

Abräumen nach der Blüte

Wenn die Pflanzen ihre beste Zeit hinter sich haben, kann man mit dem Abräumen anfangen. Man schneidet welkes Laub und abgestorbene Stängel bis zur Pflanzenbasis zurück. Wo eine Pflanze steht, steckt man ein Schildchen in den Boden. Hübsche Stängel und Samenstände *(siehe S. 17–19)* kann man für den Winter stehen lassen.

▶ **RÜCKSCHNITT VOR DEM WINTER**
Die Stängel schneidet man bis zum Boden ab. Schildchen (siehe kleine Abb.) *markieren den Standort der Pflanzen.*

TEILEN VON HORST BILDENDEN STAUDEN

Das Teilen ist die beste Methode, um Pflanzen gesund zu erhalten und zu vermehren. Die meisten wuchsfreudigen Stauden (hier *Sedum*) teilt man am besten alle drei bis fünf Jahre. Man macht das im Spätherbst oder im Frühjahr, wenn das Wetter mild und feucht genug ist, um ein gutes Anwachsen zu ermöglichen. Nur die gesundesten Teilpflanzen pflanzt man neu.

PRAKTISCHE TIPPS

• Frühjahrsblüher teilt man im Herbst, Herbstblüher teilt man im Frühjahr.

• Will man Phlox und Astern gesund und wuchsfreudig halten, teilt man sie jedes Jahr.

• Ein kurzes, scharfes Gartenmesser eignet sich gut zum Teilen verfilzter Pflanzenbasen.

• Wieder eingepflanzte Stücke gut wässern.

Man hält die Pflanze an den Wurzeln und zieht sie auseinander.

1 Den Horst anheben, indem man eine Grabgabel weit unter den Wurzelballen schiebt. Durch Heben und Senken der Gabel lockert man die Wurzeln. Überflüssige Erde schüttelt man ab.

2 Teilen des Horstes in kleinere Stücke per Hand oder mit dem Messer. Alte, verholzte Pflanzenteile sortiert man aus. Gepflanzt werden nur kräftige Wurzelteile.

TEILEN VON IRIS UND BERGENIEN

Pflanzen, die nahe der Oberfläche fleischige Rhizome treiben (wie Bartiris und Bergenien), werden geteilt, indem man das Büschel von Hand auseinander zieht. Bei alten Pflanzen muss man dazu vielleicht mit einem Spaten unter das Büschel fahren. Mit einem scharfen Messer schneidet man nun die Rhizome in einzelne Teile.

1 Nach dem Ausgraben der Pflanze teilt man das Büschel mit Händen oder Messer in kleinere Stücke.

2 Mit einem scharfen Messer teilt man kräftige, junge Rhizome mit einem Trieb daran heraus. Die Blätter schneidet man zurück (bei Iris auf ungefähr 15 cm). Flach einpflanzen, Erde gut verdichten und gründlich wässern.

ANZUCHT VON JUNGPFLANZEN

U M PFLANZEN ZU VERMEHREN, kann man sie teilen *(siehe S. 56–57)*, Stecklinge schneiden oder aussäen *(siehe S. 61)*. Nur durch Teilen und Stecklinge erhält man Pflanzen, die mit den Eltern identisch sind, was für eigens gezüchtete Sorten wichtig ist. Es hilft, wenn man ein Frühbeet oder ein helles Fensterbrett hat.

KOPFSTECKLINGE

Einen Kopfsteckling gewinnt man aus einer Triebspitze, die knapp unter einer Blattachsel abgeschnitten wird. Ein Steckling muss immer mindestens eine Blattachsel haben, aus der er Wurzeln treiben kann.

Man setzt nur saubere Stecklinge ein und verwendet als Substrat halb Sand, halb Torf oder Torfersatz. Das Substrat muss feucht gehalten und nach dem Bewurzeln gegossen werden.

Blattachsel

KOPFSTECKLING

1 Eine kurze Triebspitze, Länge 7–12 cm, von einem gesunden, nicht blühenden Trieb auswählen. Mit einer scharfen Rosen- oder Gartenschere abschneiden.

2 Am unteren Ende mit einem scharfen Messer knapp unterhalb einer Blattachsel auf eine Länge von 5–7 cm sauber abschneiden. Die unteren Blätter entfernen.

3 Die Stecklinge (normalerweise 5–6 Stück) am Rand entlang in einen Blumentopf von 7 oder 10 cm Durchmesser einstecken. Gießen, beschriften und mit einer Plastiktüte abdecken, die man mit Stäben stützt. Nicht in die Sonne stellen.

Pflanzsubstrat

4 Wenn die Stecklinge sich bewurzelt haben (nach ungefähr 3 Wochen), nimmt man sie heraus und vereinzelt sie. Gut einwässern und im Schatten anwachsen lassen.

KOPFSTECKLINGE

GEEIGNETE PFLANZEN:
Astern
Gartennelken *(Dianthus)*
Diascia
Katzenminze *(Nepeta)*
Oenothera macrocarpa

Penstemon
Persicaria
Salbei (manche)
Schöterich *(Erysimum)*
Veilchen

BASALSTECKLINGE

Diese Technik benutzt man bei Stauden, die im Frühjahr an der Basis mit vielen Schösslingen austreiben. Sowohl von Pflanzen mit hohlen oder markgefüllten Stängeln, wie Rittersporn und Lupine, als auch von Pflanzen mit weichen durchgehenden Stängeln, wie Katzenminze *(Nepeta)* und Phlox, kann man erfolgreich Basalstecklinge schneiden.

Blattachsel
(Stängelknoten)

BASALSTECKLING

1 **Die Stecklinge** werden geschnitten, wenn die jungen Triebe 3,5–5 cm hoch sind. Man schneidet so nahe an der Basis wie möglich ab.

2 **Die unteren Blätter** des Stecklings werden entfernt, so dass mindestens ein Stängelknoten deutlich sichtbar ist. Das untere Ende schneidet man gerade und sauber ab.

3 **Stecklinge in einen Topf** mit Stecklingssubstrat einstecken. Erde gut andrücken, wässern und überflüssiges Wasser ablaufen lassen. Beschriften und den Topf bedeckt mit einer Plastiktüte auf ein Fensterbrett stellen.

Stecklinge so einsetzen, dass die ersten Blattstängel oberhalb der Erde liegen.

4 **Wenn die Stecklinge** bewurzelt sind, teilt man sie. An den Wurzeln soll Erde haften. Einzeln eintopfen und an einem geschützten Platz weiterziehen.

BASALSTECKLINGE

GEEIGNETE PFLANZEN:

Achillea
Anaphalis
Anthemis tinctoria
Chelone obliqua
Chrysanthemen
Ehrenpreis
Felberich *(Lysimachia)*
Geißraute *(Galega)*
Gelenkblume *(Physostegia virginiana)*
Glockenblumen
Heliopsis
Katzenminze *(Nepeta)*
Lichtnelke
Lupinen
Phlox
Präriemalve *(Sidalcea)*
Rittersporn
Tanacetum coccineum
Weidenröschen *(Epilobium)*

VERMEHRUNG ÜBER WURZELSTECKLINGE

Wurzelstecklinge kann man bei einigen Stauden mit dicken Wurzeln, z. B. Königskerze, Phlox und *Acanthus*, im Winter schneiden. Es ist wichtig, dass man die Stecklinge mit dem richtigen Ende nach oben pflanzt.

ALTERNATIVE METHODE

Bei Stauden mit dünnen Wurzeln legt man die Stecklinge waagrecht auf feuchtes, verdichtetes Substrat. Mit einer Schicht Substrat abdecken.

1 Die Pflanze ausgraben und die Wurzeln waschen. Die Wurzeln nahe an der Basis abschneiden. Mit dem richtigen Ende nach oben hinlegen.

2 Alle Seitenwurzeln abschneiden und die Reststücke in Abschnitte von 5 bis 10 cm Länge teilen. Am oberen Ende gerade abschneiden, am unteren Ende schräg.

3 Einen Blumentopf mit Stecklingssubstrat füllen. Mit einem Pflanzholz die Stecklinge einsetzen, das gerade Ende oben und eben mit der Oberfläche.

4 Die Oberfläche der Töpfe mit Splitt abdecken und beschriften. In ein Frühbeet oder an einen geschützten Platz stellen. Nicht gießen, bis die Stecklinge austreiben.

5 Wenn die Stecklinge Triebe entwickelt haben, nimmt man sie heraus und setzt sie einzeln in ein Substrat auf Lehmbasis. Gießen, beschriften und wieder ins Frühbeet stellen.

WURZELSTECKLINGE

GEEIGNETE PFLANZEN:			
Acanthus	Germer	Kaukasus-Vergissmeinnicht	Pfingstrose
Echinacea	Glockenblumen (waagrecht einlegen)	Kugeldistel	Phlox
Eryngium	Herbstanemonen (waagrecht einlegen)	Lungenkraut	*Primula denticulata*
		Mädesüß	Türkischer Mohn

ANZUCHT VON STAUDEN AUS SAMEN

Weil es so einfach und billig ist, ist das Anziehen von Pflanzen aus Samen die ideale Methode, wenn man eine Menge Pflanzen braucht. Es dauert allerdings meist ein ganzes Jahr, bis man eine blühende Pflanze hat.

SAMEN SAMMELN

Von Stauden wie Akelei, Sterndolde, Glockenblumen, Jakobsleiter *(Polemonium)* und Skabiosen kann man den Samen sammeln.

1 **Anzuchtkasten** mit feuchtem Sämlingssubstrat füllen. Mit Holzstab einebnen und auf 1 cm unter dem Rand zusammendrücken.

2 **Die Samen** möglichst gleichmäßig aufstreuen. Mit einer dünnen Lage gesiebten Substrates abdecken. Vorsichtig gießen.

3 **Den Kasten** mit einer Glas- oder Plastikscheibe abdecken, damit die Feuchtigkeit in der Erde bleibt. Ins Frühbeet stellen.

4 **Wenn die Sämlinge** zwei Blattpaare entwickelt haben, vereinzelt man sie in kleine Töpfe. Die Sämlinge an den Keimblättern (dem unteren Paar) anfassen. An einem geschützten Ort ohne direktes Sonnenlicht aufziehen, am besten in einem Frühbeet, bis sie groß genug zum Auspflanzen sind.

Das Loch macht man mit einem Pflanzholz.

ABLEGER ZIEHEN BEI NELKEN

In die Erde rund um die Nelke wird etwas Torfersatz und Brechsand gemischt. An einigen Trieben, die noch nicht blühen, entfernt man alle Blätter bis auf die obersten 4 oder 5 Paare *(siehe rechts)*. Mit einem kleinen, scharfen Messer schneidet man knapp unterhalb der untersten Blätter eine Zunge ein und schneidet dabei durch eine Blattachsel hindurch *(siehe kleines Bild)*. Die Stängel legt man auf den vorbereiteten Boden und hält sie mit einer dünnen Drahtschlaufe unten. Gut feucht halten, bis sich (nach 5–6 Wochen) Wurzeln gebildet haben.

VERMEIDUNG VON KRANKHEITEN

UM DAS RISIKO FÜR SCHÄDLINGS- UND KRANKHEITSBEFALL zu verringern, beugt man am besten vor. Eine gesunde Pflanze ist widerstandsfähig, also kauft man gute, wuchsfreudige Pflanzen und pflegt sie gut. Es hilft auch sehr, wenn man Nützlinge unterstützt und Schädlinge von Hand entfernt. Chemische Mittel sollte man im Garten nicht verwenden, solange es geht – sie töten zumeist unterschiedslos alles ab.

SO BLEIBT DER GARTEN GESUND

Gute Bodenpflege, sauberes Werkzeug und die Auswahl pflegeleichter Pflanzen (wie Anemonen, Beifuß, Frauenmantel, Gämswurz, Glockenblumen, Lobelien, Nelkenwurz, *Phlomis*, Storchschnabel und Ziest) tragen schon eine Menge zur Vorbeugung gegen Schädlinge und Krankheiten bei. Die Beete sollten immer sauber gehalten werden, weil Unkraut oft der Ausgangspunkt für Schädlinge und Krankheiten ist. Wer kompostiert, muss daran denken, keine von

Krankheiten oder Schädlingen befallenen Pflanzenteile mit zu kompostieren. Schädlinge sammelt man regelmäßig ab, befallene Blätter entfernt man, um so zu verhindern, dass das Problem sich auf die gesunden Teile der Pflanze ausweitet. Pflanzen wie *Anemone × hybrida*, Glockenblumen und Rudbeckien fördern die Nützlinge: Tausendfüßler ernähren sich von Bodenschädlingen, Marienkäfer und ihre Larven fressen Blattläuse *(siehe unten)*, Spinnen fangen Schädlinge.

DICKMAULRÜSSLER
Vor dem Kauf und vor dem Auspflanzen sucht man die Pflanzen nach ausgewachsenen Dickmaulrüsslern auf den Blättern und nach den Larven in der Erde ab.

SPINNMILBE (ROTE SPINNE)
Die Spinnmilbe liebt heiße, trockene Bedingungen und ist deswegen vorwiegend ein Treibhausschädling.

BLATTLÄUSE
Blattläuse stechen Löcher in die Pflanzenstängel und saugen den Saft heraus. So nehmen sie einer Pflanze die Kraft.

GARTENARBEITEN RUND UMS JAHR

FRÜHJAHR

• Abgestorbenes Material und Unkraut entfernen. Mehrjährige Unkräuter und mit Schädlingen oder Krankheiten befallenes Material nicht kompostieren!

• Boden vorbereiten. Wenn jetzt Mist eingearbeitet werden soll, muss er sehr gut verrottet sein.

• Gesunde Pflanzen von stämmigem Wuchs kaufen, nach dem Pflanzen rundherum mulchen und regelmäßig gießen.

• Mehrzweckdünger aufbringen, z. B. Blutmehl, Fischmehl oder Knochenmehl.

• Einige Pflanzen bekommen eine Stütze; darauf achten, keine frischen Triebe zu beschädigen.

• Zu dichte Pflanzen werden geteilt oder ausgelichtet.

• Von vielen Stauden kann man jetzt Stecklinge schneiden und im Frühbeet oder Treibhaus heranziehen.

• In mildem Klima vermehren sich die Blattläuse schneller, als ihre Feinde (z. B. Marienkäfer). Eventuell muss man ein spezifisches Insektenvernichtungsmittel einsetzen oder Seifenlösung spritzen.

• In Lücken zwischen Stauden sät man einjährige Pflanzen.

SOMMER

• Mit dem Höhenwachstum der Pflanzen zieht man auch die Stützgerüste höher aus dem Boden.

• Neu gesetzte Pflanzen müssen gegossen werden, bevor sie Welkerscheinungen durch Trockenheit zeigen.

• Wo nötig, verstärkt man die Mulchschicht, um das Wasser im Boden zu halten.

• Kübelpflanzen müssen regelmäßig gegossen werden und Flüssigdünger erhalten, wenn sie keinen Langzeitdünger bekommen haben.

• Wenn Pflanzen bei Trockenheit eingehen, ersetzt man sie am besten durch trockenheitsliebende Arten wie Blaukissen, Mädchenauge, Gartennelken und Nachtkerze.

• Unansehnlich gewordene Blütenköpfe schneidet man ab. Will man Samen gewinnen, so belässt man einige wenige Samenstände an der Pflanze.

• Regelmäßig Unkraut jäten und auf Schädlinge und Krankheitsbefall achten.

• In trockenen Sommern sind mehltauanfällige Pflanzen besonders gefährdet. Blätter mit Pilzbelag zupft man ab. Stark befallene Pflanzen kann man spritzen.

HERBST

• Gründlich jäten.

• Frühjahrsblühende Stauden pflanzt man jetzt.

• Zu dicht gewordene Stauden werden jetzt geteilt.

• Solange das Wetter noch mild ist, ist der Herbst eine gute Zeit zum Pflanzen von Stauden in vorbereitetem Boden. Um diese Zeit sollte man allerdings keine Pflanzen kaufen, die Sonne und leichten, gut durchlüfteten Boden mögen.

• Regelmäßige Kontrolle der Pflanzen auf Schädlinge und Krankheiten ist anzuraten. Gehäuse- und Nacktschnecken können mit kälterem und nasserem Wetter wieder zum Problem werden.

• Wenn die Pflanzen abgeblüht sind, schneidet man die abgestorbenen Stängel ab und entfernt welke Blätter. So kommen auch die spät blühenden Stauden noch richtig zur Geltung.

WINTER

• Beete sauber abräumen und abgestorbenes Material entfernen. Wo Pflanzen sich ganz in den Boden zurückziehen, steckt man Schildchen ein, damit man sie wieder findet.

• Durch Krankheit eingegangene Pflanzen werden ausgegraben und entsorgt.

• Um diese Zeit kann man von vielen Stauden Wurzelstecklinge schneiden, die aber vor der Kälte geschützt werden müssen.

• Kübelstauden bringt man an einen geschützten Ort.

• Unbepflanzte Stellen kann man jetzt für die Frühjahrspflanzung vorbereiten, indem man großzügig organisches Material (z. B. Gartenkompost oder gekauften Kompost, gut verrotteten Stallmist oder Laubmulch) untergräbt.

TÜRKISCHER MOHN

EMPFEHLENSWERTE STAUDEN

DIE HIER VORGESTELLTE AUSWAHL an Stauden ist mit Symbolen gekennzeichnet, die für die bevorzugten Bedingungen einer Pflanze stehen; viele dieser Pflanzen sind aber nicht übermäßig anspruchsvoll. Fast alle sind vollständig winterhart, einige müssen vor starker Kälte geschützt werden.

❂ *bevorzugt Sonne* ❂ *bevorzugt Halbschatten* ❂ *verträgt tiefen Schatten* ◊ *bevorzugt gut drainierten Boden* ◊ *bevorzugt feuchten Boden* ✳✳✳ *völlig winterhart – Temperaturen bis –15 °C* ✳✳ *mäßig winterhart – Temperaturen bis –5 °C* *HOCH über 1,20 m* *MITTEL 60 bis 120 cm* *NIEDRIG unter 60 cm* ♀*RHS Award of Garden Merit*

A

Acanthus (Bärenklau)
Auffällige Pflanze mit großen, tief eingeschnittenen Blättern. Die Blütenstände in Weiß und Malvenfarben eignen sich gut als Trockenblumen. Im Frühjahr teilen oder ansäen oder im Winter Wurzelstecklinge schneiden.
❂ ◊ ✳✳✳
A. mollis S. 34. Ebenfalls zu empfehlen *A. spinosus* ♀.

Achillea (Schafgarbe)
Bildet mittelhohe Horste mit fedrigen Blättern. Dichte, flache Blütenköpfe im Sommer, lassen sich gut trocknen. Im Frühjahr teilen oder Basalstecklinge schneiden, im Spätfrühjahr oder Frühsommer aussäen.
❂ ◊ ✳✳✳
A. filipendula ›**Gold Plate**‹ ♀ S. 30. Ebenfalls zu empfehlen: *A.* ›Coronation Gold‹ ♀ *A.* ›Moonshine‹ ♀.

ACONITUM CARMICHAELII
›ARENDSII‹

Aconitum (Eisenhut)
Sommerblüher mit hohen Blütenständen in Indigoblau, Weiß oder Gelb. Teilen der fleischigen Wurzeln alle zwei Jahre im Herbst oder im Winter gibt kräftige Stängel. Aussäen im Herbst. Alle Teile sind giftig.
❂ ◊ ✳✳✳
Empfehlenswert: *A. carmichaelii* ›Arendsii‹, *A.* ›Spark's Variety‹ ♀.

Agapanthus
Kleine bis mittelhohe Pflanze mit streifenförmigen Blättern und aufrechten Stängeln, auf denen im Spätsommer runde Blütenköpfe voller blauer oder weißer, röhrenförmiger Blüten sitzen. Im Frühjahr teilen. Im Winter mit Stroh abdecken.
❂ ◊ ✳✳
A. campanulatus S. 47.

Ajuga (Günsel)
Winter- oder immergrüne, niedrige, Ausläufer treibende Pflanze, idealer Bodendecker. Einige Sorten mit purpurfarbenem oder buntem Laub. Zur Vermehrung bewurzelte Stängel im Frühsommer ausgraben.
❂ ◊ ✳✳✳

Alchemilla mollis (Frauenmantel)
Bodendecker mit kreisförmigen Blättern und winzigen, grünlich gelben Sommerblüten. Selbstaussamend.
❂ ◊ ✳✳✳

◀ IN DIE HÖHE *Fingerhut mischt sich mit Binsenlilie* (Sisyrinchium) *und gestreifter Taubnessel.*

Anemone (Windröschen)
Kelchförmige Blüten in Weiß, Blau, Rosa oder Rot. Die Knollen tragenden Sorten sind meist kleiner und blühen im Frühjahr, die höheren, horstbildenden japanischen Anemonen wie *A. hupehensis* blühen im Herbst. Im Herbst teilen.
■ ◊ ✱✱✱
A. hupehensis ›Hadspen Abundance‹ ♀ S. 17.

Anthemis (Hundskamille)
Bodendeckende oder horstbildende Pflanze mit üppigen, gelb oder weiß gefärbten Strahlenblüten im Sommer. Das farnähnliche Laub ist manchmal immergrün. Im Frühjahr teilen oder im Frühjahr/Sommer Basalstecklinge schneiden.
■ ◊ ✱✱✱
A. punctata subsp. *cupaniana* ♀ S. 28. Ebenfalls empfehlenswert: *A. tinctoria* ›E.C. Buxton‹.

Aquilegia (Akelei)
Niedrige bis mittelhohe Stängel tragen im Frühsommer einfache und gefüllte, nickende Blüten in vielen Farben. Im

Herbst oder Frühjahr aussäen, oft selbstaussamend.
■ ◊ ✱✱✱
A. vulgaris S. 35.

Artemisia (Beifuß)
Buschige, mittelgroße, winter- oder immergrüne Blattpflanze. Die grau oder silbrig gefärbten, farnähnlichen Blätter duften oft. Im Frühjahr oder Herbst teilen.
■ ◊ ✱✱✱
Empfehlenswert: *A. alba* ›Canescens‹ ♀, *A. ludoviciana*.

Aruncus (Geißbart)
Hohe Büsche winziger weißer Blüten stehen im Sommer über ausladenden, farnähnlichen Blättern. Im Frühjahr oder Herbst teilen.
■ ◊ ✱✱✱

Aster
Niedrige bis mittelhohe Staude mit Sternblüten. Kleine Blüten in Blau, Violett, Purpur, Rosa oder Weiß erscheinen im Spätsommer und Herbst und sind gute Schnittblumen. Im Frühjahr Stecklinge schneiden oder im Frühjahr oder Herbst teilen.
■ ◊ ✱✱✱

AQUILEGIA ›MUNSTEAD WHITE‹

ASTILBE ›APHRODITE‹

A. × *frikartii* ›Mönch‹ ♀ S. 29; *A. novae-belgii* ›Little Pink Beauty‹ S. 28.

Astilbe
Niedrige bis mittelhohe Pflanze mit dichten Büschen farnähnlicher Blätter. Im Sommer erscheinen zahlreiche Blütenwedel in Rot, Rosa oder Weiß. Gut als Schnittblume oder getrocknet. Im Frühjahr oder Herbst teilen.
■ ◊ ✱✱✱

Astrantia (Sterndolde)
Ungewöhnliche Blüten im Sommer und Herbst, mit rosafarbenen, weißen und grünen, wie Papier wirkenden Blütenhüllblättern. Als Schnittblumen und zum Trocknen geeignet. Guter, mittelhoher Bodendecker. Im Frühjahr teilen oder im Spätsommer aussäen.
■ ◊ ✱✱✱
Empfehlenswert: *A. major* ›Shaggy‹ ♀, *A. maxima* ♀.

B

Baptisia australis
Aufrechte, tief wurzelnde, mittelhohe Pflanze mit deko-

rativen, geteilten blaugrünen
Blättern. Im Sommer trägt sie
indigoblaue Blüten. Im
Frühjahr teilen oder ansäen.
 ◊ ✱✱✱

Bergenia
Niedrige, horstbildende,
immergrüne Pflanze, wegen
ihrer großen, glänzenden
Blätter geschätzt, die im
Winter oft rot gefärbt sind.
Trägt im Vorfrühling kleine,
glockenförmige Blüten in
Scharlachrot, Rosa oder Weiß.
Teilen der fleischigen Wurzeln
nach der Blüte.
 ◊ ✱✱✱
B. ›Silberlicht‹ ♀ S. 38;
B. ›**Baby Doll**‹ S. 28.

Brunnera (Kaukasus-
vergissmeinnicht)
Niedrige Staude, die im Frühsommer blaue Blüten hervorbringt, die wie Vergissmeinnicht aussehen. Die Blätter
sind groß und herzförmig.
Manche Sorten, z. B.
›Hadspen Cream‹ ♀, haben
buntlaubige Blätter. Im Frühjahr teilen oder im Herbst
Wurzelstecklinge schneiden.
 ◊ ✱✱✱
B. macrophylla ♀ S. 38.

Buphthalmum salicifolium
Kleine bis mittelhohe Pflanze,
die im Sommer gelbe, sternförmige Blüten hervorbringt.
Für Wildgärten geeignet, kann
aber wuchern. Im Frühjahr
teilen oder im Frühsommer
aussäen.
 ◊ ✱✱✱

C

Campanula (Glockenblume)
Vielseitige Staude, zu der die
kleine Steingartenpflanze

CAMPANULA LATIFOLIA

ebenso gehört wie hohe
Sorten für Beete. Trägt im
Sommer blaue, rosa oder
weiße, glockenförmige Blüten.
Blätter oft immergrün. Im
Frühjahr ansäen oder
Basalstecklinge schneiden
oder im Frühjahr oder Herbst
teilen.
 ◊ ✱✱✱
C. glomerata ›**Purple Pixie**‹
S. 29; *C. latifolia* S. 39;
C. latiloba S. 32;
C. portenschlagiana ♀ S. 47.
Ebenfalls empfehlenswert:
C. lactiflora ›Loddon Anna‹ ♀,
C. persicifolia ›Fleur de Neige‹
♀.

Centranthus (Baldrian)
Mittelhohe Pflanze mit
fleischigen Blättern, die von
Frühjahr bis Herbst ver-
zweigte Blütenköpfe mit
kleinen, rot, rosa oder weiß
gefärbten, sternförmigen
Blüten trägt. Im Frühjahr oder
Herbst aussäen. Samt sich gut
selbst aus und kommt mit fast
allen Bedingungen zurecht.
 ◊ ✱✱✱

Chrysanthemum
Nützliche Herbstblume in
unterschiedlichsten Formen

und Farben. Verzweigte und
pomponförmige Chrysan-
themen und die Sorten der
Rubellum-Gruppe ergeben
gute Gartenpflanzen. Im
Frühjahr Basalstecklinge
schneiden oder im Vorfrühling
teilen.
 ◊ ✱✱✱

Cimicifuga (Silberkerze)
Hohe, aufrechte Pflanze, die
im Herbst schlanke Blütenschäfte mit winzigen weißen
Blüten treibt. Bei manchen
Silberkerzen sind die
dekorativ geteilten Blätter
mahagonifarben. Im Frühjahr
teilen oder aussäen.
 ◊ ✱✱✱
Empfehlenswert:
C. racemosa ♀, *C. simplex.*

Convallaria majalis
(Maiglöckchen)
Niedrige Pflanze mit schmal-
en, manchmal buntlaubigen
Blättern. Kleine, duftende,
wachsweiße (gelegentlich
rosafarbene) Glockenblüten
im Frühjahr und Frühsommer.
Gut für schattige, naturnahe
Beete. Im Frühjahr oder
Herbst teilen.
 ◊ ✱✱✱

CIMICIFUGA SIMPLEX ›BRUNETTE‹

COREOPSIS GRANDIFLORA
›BADENGOLD‹

Coreopsis (Mädchenauge)
Niedrige bis mittelhohe,
buschige Pflanze, im Sommer
mit gelben Sternblüten, gut für
die Vase geeignet. Im Frühjahr
teilen oder aussäen.
❉ ◊ ✽✽✽
Empfehlenswert: *C. grandiflora*,
C. verticillata ›Moonbeam‹.

Corydalis (Lärchensporn)
Niedriger Bodendecker mit
hohlen oder fleischigen
Wurzeln und farnähnlichen
Blättern, die nach der Blüte
absterben. Im Frühjahr
erscheinen löwenmaul-
ähnliche Blüten in Blau,
Rosa-Purpur, Gelb oder
Weiß. Nach der Blüte teilen
oder aussäen.
❉❉ ◊ ✽✽✽
Empfehlenswert: *C. flexuosa*
›China Blue‹, *C. solida* ♀.

Crambe cordifolia
Hohe, frohwüchsige Pflanze
mit großen, herzförmigen
Blättern. Trägt im Sommer
Schleier kleiner, weißer,
duftender Blüten. Im Frühjahr
teilen oder im Frühjahr oder
Herbst ansäen.
❉ ◊ ✽✽✽

Crocosmia (Montbretie)
Farbenfrohe, mittelhohe bis
hohe Pflanze mit lanzett-
förmigen Blättern. Im Spätsommer und Frühherbst
erscheinen feuerrote, orange-
farbene oder gelbe Blütenschäfte. Ideale Schnittblumen.
Im Frühjahr teilen.
❉ ◊ ✽✽✽
C. × *crocosmiiflora* ›Emily
McKenzie‹ *S. 22;*
C. ›Lucifer‹ ♀ *S. 29.*

Cynara (Kardone)
Hohe Pflanze mit schöner
Wirkung, die im Spätsommer
große, purpurfarbene, distel-
ähnliche Blütenköpfe trägt.
Lange, silbergraue, tief geteilte
Blätter in breiten Büschen. Im
Frühjahr teilen oder ansäen.
❉ ◊ ✽✽✽

D

Delphinium (Rittersporn)
Klassische Staude; die großen
Hybriden sind im Sommer als
Hintergrund für Beete
wunderbar. An den hohen
Blütenschäften stehen einfache
bis gefüllte Blüten in Creme-
farben, Weiß, Lila-
Rosa oder Blau, die
oft ein andersfarbiges
»Auge« haben. Die
Stängel müssen schon
früh angebunden
werden. Im Frühjahr
Basalstecklinge
schneiden oder
ansäen.
❉ ◊ ✽✽✽

DELPHINIUM ›BLUE NILE‹

DIANTHUS ›DAD'S FAVOURITE‹

Dianthus (Gartennelke)
Große Vielfalt kleiner
Pflanzen mit duftenden
Sommerblüten, Hauptfarben
Rosa, Rot und Weiß, oft
zweifarbig. Vermehrung über
Ableger oder Kopfstecklinge.
❉ ◊ ✽✽✽
D. ›Mrs. Sinkins‹ *S. 30.*

Diascia (Ölblume)
Kleine, Matten bildende
Pflanzen, die den ganzen
Sommer über aufrechte
Blütenschäfte mit rosafarbigen
Blüten tragen. Im Frühjahr
ansäen, im Sommer Kopf-
stecklinge schneiden.
❉ ◊ ✽✽
D. ›Salmon Supreme‹ *S. 46.*
Ebenfalls empfehlenswert:
D. rigescens ♀, *D. vigilis* ♀.

Dicentra (Tränendes Herz)
Niedrige bis mittelhohe
Pflanze mit farnähnlichen
Blättern. Im Frühjahr
erscheinen herzförmige Blüten
in Rot, Rosa und Weiß. Im
Vorfrühling teilen.
❉ ◊◊ ✽✽✽
D. spectabilis ♀ *S. 39.*
Ebenfalls empfehlenswert:
D. ›Luxuriant‹, *D.* ›Stuart
Boothman‹.

Dictamnus albus ♀
(Weißer Diptam)
Mittelhohe Pflanze mit
duftendem Laub, die im
Sommer duftende, weiße,
sternförmige Blüten trägt. Es
gibt eine rosa-purpur gefärbte
Sorte. Will nach dem Pflanzen
nicht gestört werden. Samen
aussäen, sobald er reif ist;
keimt zögerlich.
▣ ◊ ✻✻✻

Digitalis (Fingerhut)
Es gibt mehrere zwei- und
mehrjährige Sorten, die im
Sommer hohe Blütenschäfte
mit rosa, goldbraunen oder
zitronengelben Blüten tragen.
Die Blattrosetten über-
dauern oft den Winter. Im
Frühjahr teilen oder im
Frühjahr oder Herbst ansäen.
▣▣ ◊ ✻✻✻
D. grandiflora ♀ S. 39. Ebenfalls empfehlenswert: *D. ferru-*
ginea, D. × mertonensis ♀.

Doronicum ›Miss Mason‹ ♀
Kleine, anspruchslose Pflanze
(siehe S. 29) mit gelben
Sternblüten im Frühjahr, gut
für die Vase. Im Frühjahr
ansäen oder im Herbst teilen.
▣ ◊ ✻✻✻

DIGITALIS FERRUGINEA

ECHINACEA PURPUREA
›ROBERT BLOOM‹

E

Echinacea (Sonnenhut)
Aufrechte, wuchsfreudige
Pflanze, die im Sommer große,
sternförmige Blüten in Rot,
Rosa oder Weiß mit gewölbter
Mitte trägt. Im Frühjahr
ansäen, im Herbst Wurzel-
stecklinge schneiden oder im
Frühjahr oder Herbst teilen.
▣ ◊ ✻✻✻

Echinops (Kugeldistel)
Mittelhohe bis hohe, Büschel
bildende Pflanzen, die im
Sommer kugelige Blütenköpfe
in Silber, Grau oder Blau über
befilzten Blättern tragen.
Lassen sich gut trocknen. Im
Frühjahr ansäen, im Herbst
teilen oder im Winter
Wurzelstecklinge schneiden.
▣ ◊ ✻✻✻
E. bannaticus S. 31.

Epilobium (Weidenröschen)
E. angustifolium ›Album‹ mit
mittelhohen Schäften weißer
Blüten im Sommer macht sich
im naturnahen Garten gut. Im
Frühjahr oder Herbst teilen.
▣ ◊ ✻✻✻

Epimedium (Elfenblume)
Kleine, Büschel bildende,
Laub abwerfende oder immer-
grüne Pflanzen, die oft kupf-
rige Blätter haben. Im Früh-
jahr erscheinen weiß, gelb,
rosa oder purpur gefärbte
Blüten. Laub im Vorfrühling
zurückschneiden. Gute Boden-
decker. Im Frühjahr oder
Herbst teilen.
▣ ◊ ✻✻✻
Empfehlenswert:
E. grandiflorum ♀,
E. × perralchicum ♀.

Eryngium (Stranddistel)
Distelähnliche, mittelhohe bis
hohe Pflanzen. Die runden
oder ovalen, blau oder weiß
gefärbten Blütendolden stehen
im Sommer über stacheligen
Hüllblättern. Ausgezeichnet
zum Trocknen. Im Frühjahr
teilen oder im Winter
Wurzelstecklinge schneiden.
▣ ◊ ✻✻✻
Empfehlenswert: *E. alpinum*
♀, *E. × tripartitum* ♀.

Eupatorium purpureum
(Purpurdost)
Hohe, robuste Pflanze, die
vom Spätsommer bis zum
Herbst Büschel kleiner weißer,
rosafarbener oder purpur-
farbener Blüten trägt. Zieht
Bienen und Schmetterlinge an.
▣ ◊ ✻✻✻

Euphorbia (Wolfsmilch)
Mehrjährige Sorten von
unterschiedlicher Höhe. Die
meisten tragen gelbgrüne oder
feuerrote Blütendolden. Das
Blattwerk ist oft blaugrün. Im
Herbst ansäen oder teilen, im
Frühsommer Basalstecklinge
schneiden.
▣ ◊ ✻✻✻
Empfehlenswert: *E. griffithii,*
E. myrsinites ♀, *E. palustris* ♀.

PFLEGELEICHTE FARNE

Athyrium
Mittelhoch, Laub ab-
werfend, mit fein gefiederten Wedeln, normaler-
weise grün, aber bei *A.
niponicum var. pictum* ♀
grau und purpur getönt.
✷ ◊ ✻✻✻

Dryopteris
Hübscher, mittelgroßer
Farn mit ungeteilten
Wedeln, Laub abwerfend.
✷ ◊ ✻✻✻
Empfehlenswert: *D. affinis*
♀, *D. wallichiana* ♀.

Matteuccia struthiopteris
Laub abwerfender, breit
wachsender Farn mit
hohen, ungeteilten, hell-
grünen Wedeln.
✷ ◊ ✻✻✻

Polystichum
Meist immergrüne, mittel-
grüne, attraktive Farne
mit ausladenden,
ungeteilten Wedeln.
✷ ◊ ✻✻✻

DRYOPTERIS AFFINIS

F

Filipendula (Mädesüß)
Hohe, aufrechte Pflanze, die
vom Spätfrühling bis Spätsommer Büschel winziger,
duftender Blüten in Creme
oder Rosa trägt. Die großen,
gelappten Blätter sind grün
oder golden gefärbt. Im
Frühjahr oder Herbst teilen,
oder im Vorfrühling Wurzelstecklinge schneiden.
▨ ◊ ✻✻✻
Empfehlenswert: *F. purpurea* ♀.

G

Gaillardia (Kokardenblume)
Mittelgroße Pflanze mit
bunten Sternblüten in Rot,
Orange oder Gelb, die im
Sommer an schlanken aber
kräftigen Stängeln stehen.
Halten sich als Schnittblumen
lange. Im Frühjahr ansäen
oder teilen.
✷ ◊ ✻✻✻

Galega (Geißraute)
Hohe Pflanze, die ab Hochsommer Blütenschäfte voller
erbsenähnlicher und

GAILLARDIA
›DAZZLER‹

manchmal zweifarbiger Blüten
in Weiß, Blau oder Malvenfarben trägt. Lässt sich gut
auswildern. Samt sich selbst
aus. Im Frühjahr oder Spätherbst teilen.
✷ ◊◊ ✻✻✻

Geranium (Storchschnabel)
Nützliche und anspruchslose
Stauden in verschiedenen
Größen. Viele sind gute
Bodendecker. Sternförmige
Blüten in Weiß, Rosa, Purpur
oder Blau erscheinen im
Sommer. Nach der Blüte
zurückschneiden, damit
Stängel und Blüten noch ein
Mal austreiben. Im Frühjahr
teilen oder Basalstecklinge
schneiden.
✷▨ ◊ ✻✻✻
G. pratense ›**Plenum
Caeruleum**‹ *S. 34;*
G. × cantabrigiense ›**Biokovo**‹
S. 47; G. × oxonianum S. 46.
Ebenfalls empfehlenswert:
G. endressii ♀, *G.* ›Johnson's
Blue‹ ♀, *G. marcrorrhizum.*

Geum (Nelkenwurz)
Kleine, bunte Pflanze für den
vorderen Beetbereich mit
gelben, orangefarbenen oder
roten Blüten vom Spätfrühling
bis Sommer, auch für den
Steingarten. Im Herbst oder
Frühjahr teilen.
✷ ◊ ✻✻✻

Gypsophila (Gipskraut)
Ab Mitte des Sommers tragen
die kleinen bis mittelgroßen
Pflanzen winzige weiße oder
rosafarbene Blüten in luftigen
Wolken. Hängt dekorativ über
Ränder und Wände. Als
Schnitt- und Trockenblumen
gut geeignet. Auch einige
Sorten für Steingärten. Im
Frühjahr ansäen.
✷ ◊ ✻✻✻

EMPFEHLENSWERTE GRÄSER

Briza (Zittergras)
Mittelhoch, im Sommer mit
blaugrünen Blattbüscheln,
kleine Blütenschäfte. Im
Frühjahr teilen.
◻ ◊ ✱✱✱ *B. media* S. 35.

Carex (Segge)
Büschel grüner, goldener,
oder bronzefarbener Blätter,
im Sommer kätzchenähnliche
Blüten. Im Frühjahr teilen.
◻ ◻ ◊ or ◊ ✱✱✱
C. pendula S. 35.

Cortaderia (Pampasgras)
Hohes Gras mit Feder-
büschen im Spätsommer. Im
Winter abdecken.
◻ ◊ ✱✱

Hakonechloa
Kleine Büschel grüner und
goldener Blätter, rote Herbstfärbung. Gut für Kübel.
◻ ◊ ✱✱✱

Miscanthus
Hoch und elegant, in
Mischbeeten oder als
Einzelpflanze. Die silbrigen
Blütenstände kann man über
den Winter stehen lassen. Im
Frühjahr teilen.
◻ ◊ ✱✱✱
Empfehlenswert: *M. sinensis* ♀.

Stipa (Federgras)
Mittelhohe bis hohe Gräser,
oft mit herabhängender, aber
attraktiver Wuchsform. Ab

HAKONECHLOA MACRA
›AUREOLA‹

Mittsommer Rispen oder
Büsche von Blüten, gut zum
Trocknen. Im Frühjahr
teilen.
◻ ◊ ✱✱✱
Empfehlenswert: *S. gigantea*.

H

Helenium (Sonnenbraut)
Mittelhohe, horstbildende
Pflanzen mit gelben, orange-
farbenen, roten und bronze-
farbenen Sternblüten von
Sommer bis Frühherbst. Gute
Schnittblume. Im Herbst oder
Frühjahr teilen.
◻ ◊ ✱✱✱
H. ›Coppelia‹ S. 30.

Helianthus (Sonnenblume)
Mehrere hohe Stauden neben
den bekannten einjährigen
Pflanzen. Stauden haben
kleinere, einfache oder gefüllte
Blüten. Im Frühjahr oder
Herbst teilen.
◻ ◊ ✱✱✱
H. ›Loddon Gold‹ ♀ S. 28 f.

Helleborus (Nieswurz)
Kleine Pflanzen, hoch ge-
schätzt wegen ihrer Blüten im

Vorfrühling. Farben Weiß,
Creme, Rosa, Purpur oder
Grün, manche mit braunen
Flecken. Schöne Blätter. Alte
Blätter zurückschneiden,
sobald die Blüten sich öffnen.
Ansäen, sobald die Samen reif
sind.
◻ ◊ ✱✱✱
H. orientalis S. 38;
H. × *ericsmithii* S. 12.

Hemerocallis (Taglilie)
Attraktive Blüten in Gelb,
Rosa, Orange oder Rot den

HELLEBORUS ORIENTALIS

ganzen Sommer. Die Blüten
überdauern nur einen Tag,
aber es blühen immer wieder
neue auf. Viele Hybriden. Im
Frühjahr teilen.
◻ ◊ ✱✱✱

Heuchera (Purpurglöckchen)
Wintergrüne oder immergrüne
Bodendecker mit Blättern in
Grün, Bronze oder Purpur. Im
Sommer schmale Blüten-
schäfte mit winzigen Blüten.
Im Herbst teilen.
◻ ◊ ✱✱✱
H. micrantha ›Palace Purple‹
♀ S. 46.

Hosta (Funkie, Trichterlilie)
Niedrige, dichte Horste
großer, herzförmiger Blätter,
oft blaugrün oder buntlaubig,
ideal als Bodendecker. Im
frühen Frühjahr teilen.
◻ ◊ ✱✱✱
H. ›Shade Fanfare‹ ♀ S. 40, 43;
H. sieboldiana S. 38.

I

IRIS ›BROWN LASSO‹

Iris

Viele kleine bis mittelhohe Pflanzen mit unterschiedlichen Ansprüchen. Bartiris *(wie oben gezeigt)* brauchen Sonne und leichten Boden. Große Farbauswahl mit vielen zweifarbigen Blütenblättern. Sibirische Iris *(I. sibirica)* und *I. laevigata* brauchen feuchten Boden und eignen sich für Beete und Teichränder. Sibirische Iris teilt man im Frühjahr, Bartiris im Sommer nach der Blüte.
✵ ◊◊ ❋❋❋
I. sibirica S. 43.

K

Knautia macedonica

Mittelgroße Pflanzen, deren Sommerblüten wie Nadelkissen aussehen. Tief scharlachrot gefärbt. Gut für naturnahe Gärten. Im Frühjahr Basalstecklinge schneiden oder ansäen.
✵ ◊ ❋❋❋

Kniphofia (Fackellilie)

Hoch über Büscheln riemenförmiger Blätter stehen im Sommer beeindruckende Blütenschäfte mit roten, orangefarbenen oder gelben Blüten. Im Frühjahr teilen.
✵ ◊ ❋❋❋
K. rooperi S. 2.

L

Lamium (Taubnessel)

Diese nützliche kleine, bodendeckende Pflanze trägt im Spätfrühling weiße oder purpurne Blüten. Manche haben Blätter mit Gold- oder Silberflecken. Im Frühjahr teilen oder Stecklinge schneiden.
✵ ◊ ❋❋❋

Leucanthemum

An den Matten oder horstbildenden Pflanzen erscheinen im Sommer weiße oder gelbe Sternblüten, die manchmal recht zerzaust aussehen. Im Frühjahr oder Herbst teilen oder ansäen.
✵ ◊ ❋❋❋
L. vulgare S. 35.

Liatris (Prachtscharte)

Sommer- bis Herbstblüher mit mittelhohen bis hohen Blütenschäften voller weißer oder purpurner Blüten. Im Frühjahr teilen oder im Herbst ansäen.
✵ ◊ ❋❋❋

Ligularia

Groß und robust mit hohen gelben oder orangefarbenen Blütendolden im Sommer. Ausgezeichnet am Wasser. Bei manchen sind die Blätter unterseits purpur gefärbt. Im Frühjahr oder Herbst teilen.
✵✵ ◊ ❋❋❋

Linum (Flachs)

Kleine bis mittelgroße Pflanzen mit gelben oder blauen Blüten im Frühjahr und Sommer. Im Herbst ansäen oder im Sommer Kopfstecklinge schneiden.
✵ ◊ ❋❋❋
Empfehlenswert: *L. narbonense.*

Lobelia (Lobelie)

Die Stauden unterscheiden sich stark von der Balkonlobelie: Die mittelhohen Beetpflanzen mögen feuchten Boden und tragen von Spätsommer bis Mitte Herbst Schäfte roter, rosafarbener oder purpurfarbener Blüten. Das Laub kann purpurn oder rötlich gefärbt sein. Nur bedingt winterhart. Im Winter trocken mulchen.
✵ ◊ ❋❋
Empfehlenswert: *L. cardinalis* ♀, *L.* ›Queen Victoria‹ ♀.

Lunaria rediviva (Silberblatt)

Am häufigsten sieht man das zweijährige Silberblatt, als Staude handelt es sich um eine attraktive Pflanze von mittlerer Höhe, die ab dem Spätfrühling weiße oder lilafarbene, duftende Blüten zeigt.

LIATRIS SPICATA ›KOBOLD‹

LUPINUS ›CHANDELIER‹

Die silbrigen Samenschoten lassen sich gut trocknen. Im Frühjahr teilen oder im Herbst oder Frühjahr ansäen.
✹ ◊ ✳✳✳

Lupinus (Lupine)
Elegante, mittelhohe Blüten-schäfte mit erbsenähnlichen Blüten in verschiedenen Far-ben erscheinen im Sommer über attraktiv gefiederten Blättern. Viele zweifarbige. Selbstaussamend, aber die Jungpflanzen sehen oft nicht wie die Eltern aus. Mitte des Frühjahrs Basalstecklinge schneiden.
✹ ◊ ✳✳✳

Lychnis (Lichtnelke)
Hohe, aufrechte, horst-bildende Pflanzen, die im Sommer weiße, rosafarbene, rote oder purpurfarbene Sternblüten tragen. Im Früh-jahr teilen und Basalstecklinge schneiden oder bei Samenreife ansäen.
✹ ◊ ✳✳✳
L. chalcedonica ♀ S. 28.

Lysimachia (Felberich)
Die meisten Arten tragen im Sommer hohe Blütenschäfte

voller kleiner, sternförmiger Blüten in Weiß oder Gelb. Schön für naturnahe Gärten. Im Frühjahr ansäen, im Frühjahr oder Herbst teilen.
✹ ◊ ✳✳✳

M

Macleaya (Fiedermohn)
Hohe Pflanzen, bei denen im Sommer hohe, luftige Büsche winziger Blüten in Creme und Korallenrosa über gräulichen, herzförmigen Blättern stehen. Im Frühjahr ansäen oder im Frühjahr oder Herbst teilen.
✹ ◊ ✳✳✳
M. microcarpa ›Kelway's Coral Plume‹ ♀ S. 32, 35.

Malva (Malve)
Pflegeleichte Pflanzen von mittlerer Höhe, die vom Spät-frühjahr bis Mitte Herbst aus-ladende Blüten in Weiß, Rosa oder Blau tragen. Im Frühjahr Basalstecklinge schneiden oder im Frühjahr oder Sommer ansäen.
✹ ◊ ✳✳✳

Meconopsis (Scheinmohn)
Mohnähnliche Blüten, geeignet für Wildblumengärten oder unter Bäumen. Die hohen, blauen Himalaya-Arten wie *M. betonicifolia*, *M. grandis* sind weniger pflegeleicht als der kleinere, gelbe Europäische Scheinmohn *(M. cambrica)*. Vorliebe für leicht saure Böden. Nach der Blüte teilen.
☀ ✹ ◊ ✳✳✳

Mimulus (Gauklerblume)
Es gibt mehrere kleine, winter-harte Stauden, die von Früh-jahr bis Sommer bunte, löwen-maulähnliche Blüten in Weiß, Gelb, Rot oder Rosa tragen.

MONARDA ›BEAUTY OF COBHAM‹

Im Frühjahr teilen.
✹ ◊◊ ✳✳ ✳✳✳
M. cupreus ›Whitecroft Scarlet‹ ♀ S. 42.

Monarda (Indianernessel)
Horstbildende, mittelgroße Pflanzen mit dichten Dolden bunter, roter, röhrenförmiger Blüten von Hochsommer bis Frühherbst. Duftendes Blatt-werk. Im Frühjahr Basalsteck-linge schneiden oder teilen oder im Frühjahr oder Herbst ansäen.
✹ ◊ ✳✳✳
Empfehlenswert:
M. ›Beauty of Cobham‹ ♀.

N

Nepeta (Katzenminze)
Kleine bis mittelgroße Pflanzen, die im Sommer und Frühherbst Dolden mit blauen Blüten tragen. Gut zum Auf-lockern von Beeträndern. Die duftenden Blätter sind grau-grün. Nach der ersten Blüte zurückschneiden. Im Frühjahr oder Herbst teilen oder im Frühsommer Kopf- oder Basalstecklinge schneiden.
✹ ◊ ✳✳✳

O

Oenothera (Nachtkerze)
Aufrechte oder hängende,
kleine bis mittelgroße Pflanzen,
die sich im Sommer mit vielen
kurzlebigen, duftenden Blüten
in Gelb, Weiß oder Rosa
schmücken. Im Frühjahr teilen
oder ansäen, im Spätfrühjahr
Kopfstecklinge schneiden.
❊◊ ✿✿✿
Empfehlenswert: *O. fruticosa*
›Fyrverkeri‹ ♀.

Omphalodes (Gedenkmein)
Kleine, immergrüne oder
wintergrüne Bodendecker, die
im Frühjahr und Frühsommer
kleine blaue Blüten tragen. Im
Frühjahr teilen oder ansäen.
❊❊◊ ✿✿✿
O. verna S. 38.

P

Paeonia (Pfingstrose)
Mittelgroße Horste schöner
Blätter mit üppigen, einfachen
oder gefüllten Blüten in Weiß,
Rosa, Rot und selten Gelb.
Blütezeit vom Spätfrühling bis

PAEONIA OFFICINALIS
›CRIMSON GLOBE‹

Mitte des Sommers. Lang-
lebig, möchte aber nicht
versetzt werden. Vermehrung
durch Teilung oder Wurzelstecklinge.
❊◊ ✿✿✿

Papaver (Mohn)
Die Stauden, die vom Frühsommer an blühen, reichen
von den auffallenden, mittelhohen Sorten des Türkischen
Mohns in Rot, Rosa oder
Weiß bis zu den kleinen
alpinen Mohnarten in Gelb
und Orange. Im Frühjahr
teilen oder ansäen, im Winter
Wurzelstecklinge schneiden.
❊◊ ✿✿✿
P. orientale S. 48.

Penstemon (Braunmohn)
Mittelgroße, horstbildende
Pflanzen, die im Sommer und
Herbst Schäfte voller finger-
hutähnlicher Blüten in Weiß,
Rosa, Rot und Purpur treiben.
Im Sommer Stecklinge schnei-
den. Nur bedingt winterhart.
❊◊ ✿✿

Persicaria
Kleiner Bodendecker, der sich
stark ausbreitet und im
Sommer winzige weiße, rosafarbene und rote Blüten treibt.
Im Frühjahr oder Herbst
ansäen oder Kopfstecklinge
schneiden.
❊◊ ✿✿✿
P. bistorta ›Superba‹ S. 40, 42.

Phlomis
Mittelgroße Stauden, die
röhrenförmige, gelbe oder
rosafarbene Sommerblüten in
dichten, kreisförmigen
Büscheln rund um den Stängel
tragen. Die Samenstände sind
für den Winter dekorativ. Im
Frühjahr teilen.
❊◊ ✿✿✿

PHLOX PANICULATA
›GRAF ZEPPELIN‹

Phlox
Große Auswahl an mittel-
hohen bis hohen Pflanzen mit
Büscheln weißer, rosafarbener,
roter, lilafarbener und purpurner Blüten, meist gegen Ende
des Sommers. Zahlreiche
kleine Phloxsorten werden für
Steingärten gezogen. Im
Herbst Wurzelstecklinge
schneiden.
❊◊ ✿✿✿

Phormium
Hohe, attraktive immergrüne
Pflanzen, die wegen ihrer
schwertförmigen Blätter in
Grün, Bronze oder gestreift
gepflanzt werden. Gut geeignet, um im Garten einen
Blickfang zu setzen. Im Frühjahr teilen. Bedingt winterhart.
❊◊ ✿✿

Physostegia (Gelenkblume)
Aufrechte Pflanze von mittlerer Höhe, die im Sommer
Schäfte mit röhrenförmigen
weißen, rosafarbenen oder
purpurnen Blüten trägt. Gute
Schnittblume. Im Winter oder
im Vorfrühling teilen.
❊◊ ✿✿✿

Polemonium (Jakobsleiter)
Kleine, horstbildende Pflanzen mit Büscheln blauer, rosafarbener oder weißer Blüten im Frühjahr und Sommer. Im Frühjahr teilen, im Frühjahr oder Herbst ansäen.
◫ ◊ ✿✿✿

Polygonatum (Salomonssiegel)
Mittelhohe bis hohe Stängel mit glockenförmigen, weißen oder cremefarbenen Blüten im Sommer. Geeignet für schattige Beete oder in Baumbeständen. Im Frühjahr teilen.
✸ ◊◊ ✿✿✿
P. falcatum ›Variegatum‹ S. 38.

Primula
Zu dieser großen Familie gehören die feuchtigkeitsliebenden Kandelaberprimeln wie *P. japonica* ebenso wie die einfachen Primeln. Für naturnahe Gärten und leicht schattige Beete geeignet. Im Frühherbst teilen oder ansäen, sobald die Samen reif sind.
◫ ◊ ✿✿✿
P. japonica ♥ S. 42.

Pulmonaria (Lungenkraut)
Kleine, sich ausbreitende Büschel silberfleckiger Blätter

treiben im Frühjahr blaue, rosafarbene oder weiße Blüten. Im Herbst teilen, im Winter Wurzelstecklinge schneiden.
✸ ◊ ✿✿✿

Pulsatilla (Küchenschelle)
Kleine Pflanzen mit farnähnlichen Blättern, die im Frühjahr seidige, purpurfarbene oder weiße Blüten treiben. Ihnen folgen schöne Samenstände. Brauchen sonnigen, geschützten Standort mit leichtem Boden. Ansäen, sobald der Samen reif ist.
◫ ◊ ✿✿✿
P. vulgaris ♥ S. 47.

R

Ranunculus (Hahnenfuß)
Die bekannteste Staudenart ist der kleinwüchsige *R. aconitifolius* mit kleinen weißen Blüten an verzweigten Stängeln. Im Frühjahr oder Herbst teilen.
◫ ◊ ✿✿✿
Empfehlenswert: *R. aconitifolius* ›Flore Pleno‹ ♥.

Rheum (Rhabarber)
Hohe, auffällige Pflanzen mit großen, geäderten Blättern treiben im Frühsommer hohe Büsche winziger, roter oder cremefarbener Blüten. Im Frühjahr teilen.
◫ ◊ ✿✿✿

Rudbeckia (Rudbeckie)
Mittelhohe bis hohe Pflanzen mit meist gelben Sternblüten im Sommer und Herbst. Gute Schnittblume. Im Frühjahr ansäen oder im Frühjahr oder Herbst teilen.
◫ ◊◊ ✿✿✿
R. laciniata S. 34.

PRIMULA ›MISS INDIGO‹

S

Salvia (Salbei)
Mehrere winterharte Stauden für unterschiedliche Standorte, die meist Sonne und leichten Boden brauchen. Die mittelhohen Blütenschäfte tragen purpurne, rosafarbene, blaue oder weiße Blüten; die Blätter duften. Im Frühjahr teilen.
◫ ◊ ✿✿✿
S. × superba ♥ S. 31.

Scabiosa (Skabiose)
Attraktive Blüten in Blau, Rosa, Zitronengelb oder Weiß stehen im Sommer auf drahtigen Stängeln. Kleine bis mittelgroße Pflanzen. Im Frühjahr oder Herbst teilen.
◫ ◊ ✿✿✿
Empfehlenswert: *S. caucasica* ›Clive Greaves‹ ♥.

Schizostylis coccinea (Sumpfgladiole)
Aufrechte Schäfte mit Blüten erscheinen von Spätsommer bis Spätherbst. Gute Schnittblume. Mittelgroße Pflanzen. Im Frühjahr teilen.
◫ ◊ ✿✿✿

SCABIOSA ›BUTTERFLY BLUE‹

Sedum

Pflanzen mit fleischigen
Blättern und Büscheln kleiner,
sternförmiger, meist rot oder
rosa gefärbter Blüten im
Sommer und Herbst. Blätter
manchmal purpurn oder grau
überlaufen. Kleine bis mittelgroße Pflanzen, letztere mit
schlaffer Wuchsform. Auch
für den Steingarten geeignet.
Im Frühjahr teilen.
🔲 ◊ ✳✳✳
S. ›Ruby Glow‹ ♀ S. 31;
S. spectabile ›Brilliant‹ ♀ S. 17.

Sidalcea (Präriemalve)

Mittelgroße, horstbildende
Pflanzen, die von Früh- bis
Spätsommer rosa oder weiß
gefärbte Blüten tragen, die
sich als Schnittblumen gut
eignen. Im Vorfrühling teilen
oder im Frühjahr Basal-
stecklinge schneiden.
🔲 ◊ ✳✳✳

Sisyrinchium striatum

Fächerförmige Büschel lanzen-
förmiger, immergrüner Blätter,
die bei ›Aunt May‹ cremefar-
big gestreift sind, tragen im
Sommer cremefarbene Blüten.
Kleine bis mittelgroße
Pflanzen, auch Sorten für den

SIDALCEA ›OBERON‹

SISYRINCHIUM STRIATUM
›AUNT MAY‹

Steingarten. Im Frühjahr teilen
oder im Herbst ansäen.
🔲 ◊ ✳✳✳

Solidago (Goldrute)

Mittelhohe bis hohe Pflanzen,
die von Mitte des Sommers bis
zum Herbst Büsche winziger,
goldfarbener Blüten tragen.
Die Art breitet sich stark aus,
außer den mit Namen benann-
ten Hybriden. Im Herbst oder
Frühjahr teilen.
🔲 ◊ ✳✳✳

Stachys (Ziest)

Niedrige, breitwüchsige
Pflanzen, die sich als Bodendecker oder an der Beetkante
gut machen. Der Wollziest
(S. byzantina) wird wegen
seiner immergrünen,
silbernen, wolligen Blätter
gepflanzt, S. macrantha wegen
seiner Blütenschafte voller
purpur-rosafarbener Blüten im
Sommer. Im Frühjahr teilen
oder ansäen.
🔲 ◊ ✳✳✳

Symphytum (Beinwell)

Kleine bis mittelgroße, wuchsfreudige Pflanzen, die sich in
naturnahen und baumbestan-

SYMPHYTUM ›GOLDSMITH‹

denen Gärten gut als Bodendecker eignen. Die groben,
haarigen Blätter wirken buntlaubig am besten (siehe oben).
Die blauen, cremefarbenen,
rosa oder purpurnen Blüten
erscheinen im Spätfrühling
und Sommer. Im Frühjahr
teilen.
🔲 ◊ ✳✳✳

T

Tanacetum (Rainfarn)

Die rosa oder rot gefärbten
Sternblüten des Pyrethrum
(T. coccineum) sind schön im
Frühsommer und wirken gut
als Schnittblumen. Das weißblütige Mutterkraut (T. par-
thenium) passt an Beetkanten
oder in naturnahe Gärten.
Mehrere kleine, silberblättrige
Sorten sind Steingarten-
pflanzen. Im Frühjahr ansäen
oder teilen.
🔲 ◊ ✳✳✳

Thalictrum (Wiesenraute)

Attraktive Pflanzen mit
zartem, oft blaugrünem Blattwerk und Büscheln winziger
Blüten. Die mittleren bis
hohen Sorten eignen sich ideal

TIARELLA TRIFOLIATA

für Beete oder naturnahe Gärten. Zu den Blütenfarben gehören Weiß, Rosa, Malvenfarben und Zitronengelb. Manche Sorten bevorzugen kühle, feuchte Standorte. Im Frühjahr teilen oder ansäen.
◩ ◊ ◊ ❋❋❋

Tiarella (Schaumblüte)
Ausgezeichnete Bodendecker für lichten Schatten; die Blätter färben sich im Herbst schön. Luftige Büschel winziger, sternförmiger, rosafarbener oder weißer Blüten von Frühjahr bis Sommer. Im Frühjahr oder Herbst ansäen oder teilen.
◩ ◊ ❋❋❋
T. wherryi ♈ S. 39.

Tradescantia
Kleine Pflanzen mit dichten Büscheln fleischiger Stängel und riemenförmiger Blätter. Die Blüten in Weiß, Rosa, Purpur oder Blau sind kurzlebig, folgen aber lange Zeit aufeinander. Im Frühjahr oder Herbst teilen.
◩ ◊ ❋❋❋

Tricyrtis (Krötenlilie)
Seltsam aussehende, stern-förmige Blüten in Weiß, Gelb oder Rosa-Purpur, oft gefleckt, blüht von Spätsommer bis Herbst. Im Frühjahr teilen.
◩ ▣ ◊ ❋❋❋

Trollius (Trollblume)
An mittelgroßen Pflanzen sitzen butterblumenähnliche Blüten in Zitronengelb, die sich im Frühsommer über tief geteilten Blättern zeigen. Braucht feuchten Boden, gut geeignet für Teichränder. Nach der Blüte teilen.
◩ ◊ ❋❋❋
T. europaeus S. 43.

V

Verbascum (Königskerze)
Die Blütenschäfte, in Gelb oder manchmal Weiß, Purpur oder Rosa, erheben sich aus Blattrosetten, die oft grau und wollig wirken. Sehr unterschiedliche Höhen. Im Frühjahr ansäen oder teilen, im Winter Wurzelstecklinge schneiden.
◩ ◊ ❋❋❋
V. chaixii ›Gainsborough‹ ♈ S. 30.

VERBASCUM ›COTSWOLD QUEEN‹

Verbena bonariensis
Hohe, drahtige Stängel tragen im Sommer und Herbst abgeflachte Blütenköpfe voller winziger, purpurfarbener Blüten. Wirkt sehr gut in gemischten, naturnahen Pflanzgruppen. Bedingt winterhart.
◩ ◊ ❋❋

Veronica (Ehrenpreis)
Niedrig wachsende Pflanzen, die vom Spätfrühjahr bis in den Sommer hinein aufrechte Schäfte kleiner Blüten in Blau oder manchmal Rosa tragen. Im Frühjahr oder Herbst teilen, im Herbst ansäen.
◩ ◊ ❋❋❋

Viola (Veilchen)
Wunderbare kleine Pflanze, manchmal duftend, in den verschiedensten Farben. Abgeblühte Blüten entfernen, um weitere Blüte anzuregen; im Herbst zurückschneiden, vor allem *V. cornuta*. Im Frühjahr ansäen oder im Frühjahr oder Spätsommer Kopfstecklinge schneiden.
◩ ▣ ◊ ❋❋❋
V. riviniana **Purpurea Group** S. 46.

VERONICA LONGIFOLIA

REGISTER

DANK

Bildrecherche	Sean Hunter
Detailfotos	Peter Anderson
Zeichnungen	Gill Tomblin
Weitere Zeichnungen	Karen Cochrane
Register	Hilary Bird

Dorling Kindersley möchte außerdem danken:
Susanne Mitchell, Karen Wilson und Barbara
Haynes vom RHS, Vincent Square sowie
Candida Frith-Macdonald für die Mithilfe
beim Lektorat.

The Royal Horticultural Society
Wenn Sie mehr über die Arbeit der Society
erfahren wollen, besuchen Sie die RHS im
Internet unter **www.rhs.org.uk**. Dort finden
Sie Informationen über Veranstaltungen in
ganz England, eine gärtnerische Datenbank,
internationale Pflanzenverzeichnisse, die
Ergebnisse von Pflanzenversuchen und
Einzelheiten zur Mitgliedschaft.

Fotografien
Die Herausgeber danken den folgenden
Personen für die freundliche Erlaubnis zur
Wiedergabe von Fotografien:
(Legende: l=links, r=rechts, m=mitte, u=unten,
o=oben, g=ganz oben)

Garden Picture Library: Brigitte Thomas 18u;
Howard Rice 12ur, 23gl; J. S. Sira vordere
Umschlagseite mru, 16u, 16mro, 43 gm;
Steven Wooster 25gl; Sunniva Harte 12ul.
John Glover: 2, 8u, 9gl, 14ur, 22u, 44
Jerry Harpur: 6, 7ur, 9ul, 11ur, 14mlu, 48
Andrew Lawson: vordere Umschlagseite mr,
mlo, hintere Umschlagseite m, gr, gl, 9mro,
10u, 15gr, 23r, 32, 33ur, 36, 37ur.
Clive Nichols: vordere Umschlagseite r, 13gl,
15gl; Little Bowden, Berkshire 26; Tintinhull
Gardens, Sommerset 11gl.
Planet Earth Pictures: Steve Hopkin 62ur
Howard Rice: 19g, 19ul.
Harry Smith Collection: 37ul.